[公社] 日本プロゴルフ協会◎監修

最新 **ゴルフ** ルール ハンドブック

228例+イラスト解説でよくわかる！使いやすい!!

永岡書店

ゴルフのルールは4年に一度の改訂サイクルが基本です。2019年に大きな改訂を経て、4年後となる2023年1月にマイナー改訂ではありますが、いくつかの変更点があります。ここでは、プレーヤーがコース上でよく使う主な規則についての変更点をまとめて紹介します。詳細に関しては、該当ページをご参照ください。

要点 1

複数の規則違反に対する
罰の適用が変わった

プレーヤーが異なる規則に複数回、または同じ規則に複数回違反してしまった場合、違反が関連していたのか、関連していなかったのかの決定は、その適用には関係がなくなりました。そのため、複数の罰が適用される事例は少なくなります。

➡19ページ

要点 2

スコアカードに間違った
ハンディキャップを示しても
プレーヤーの責任ではなくなった

プレーヤーは自分のスコアカードにハンディキャップを記入する必要はありません。もし間違ったハンディキャップを記入したスコアカード

を提出しても罰はなく、プレーヤーの責任ではなくなりました。この責任は委員会が負うこととなり、委員会はプレーヤーの正しいハンディキャップを確認し、それを正しく計算してネットスコアを算出する責任があります。

要点 3

損傷したクラブを
取り替えることができる

今まではプレーヤーはそのクラブを修理することしかできませんでしたが、損傷したクラブを取り替えることができるようになりました。ただし、プレーヤーがクラブを乱暴に扱ったことが原因なら認められません。

➡258ページ

要点 4

間違って取り替えた球でプレーしてしまった場合の罰の軽減

球の取り替えが認められていないのに、取り替えた球をプレーした場合の罰は、今まで一般の罰（ストロークプレーでは2罰打）でしたが、1罰打に軽減されました。

➡165ページ

要点 5

自然に動かされた球の処置

救済を受けて止まっている球が、自然の力によって動いてしまい、その球が他のコースエリアやアウトオブバウンズに転がってしまった場合は、その球を罰なしでリプレースしなければなりません。

➡161ページ

物を置くなどの他の援助は
罰を受ける

プレーの線を示すために物を置くこと自体の禁止は、パッティンググリーン上のプレーに限られていましたが、今回の改訂でコース上のどのエリアであってもプレーの線を示すための物を置くことはできず、物を置いた時点で一般の罰を受けます。

パッティンググリーンで
ストロークされた球が虫に
当たってもあるがままにプレー

パッティンググリーン上でストロークされた球が、虫やそのプレーヤーに当たった場合、再プレーではなく、あるがままにプレーをしなければならなくなりました。ただし、プレーヤー以外の人や虫以外の動物に当たった場合は再プレーしなければなりません。

地面にくい込んだ球の救済の基点は
ジェネラルエリアに制限する

ジェネラルエリア（28ページ）の地面にくい込んだ球の救済エリアの基点を、ジェネラルエリ

アに制限することを従来は規定されていませんでした。そのため、球の直後にジェネラルエリアが存在しない場合に救済エリアを決められない問題が生じましたが、基点はジェネラルエリアに決める、もし球の直後でジェネラルエリアがない場合は、ホールに近づかない最も近い所に基点を決めることが追加されました。

要点 9

後方線上の救済が簡潔化された

ペナルティーエリアやアンプレアブルなどの救済の選択肢である、後方線上の救済の救済エリアが変更されました。新しい後方線上の救済エリアは、基準となる線上に球をドロップした地点を基点に、どの方向にも1クラブレングスの範囲となります。

➡53ページ

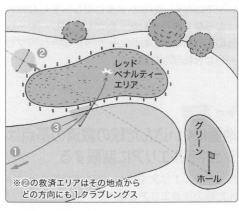

※❷の救済エリアはその地点からどの方向にも1クラブレングス

捜索中から、球を確認する
ための時間が明確化された

球を捜す時間は3分以内です。しかし球を見つけてから、その球が自分の球であるかどうかを確認するために、球のところに行く時間は合理的な時間と従来はなっていました。プレーヤーの球であるかどうかを確認のためにその場所に行くと、捜索時間の3分を超えてしまう場合があります。この合理的な時間とされていた時間が、改訂により1分間と規定されました。

➡27ページ

障がいを持つプレーヤーのための
新しい規則

障がいを持つプレーヤーがゴルフをプレーするために必要な規則が、修正規則としてプレーの規則25として導入されました。この規則に規定される修正はすべての形式を含むすべての競技に適用されます。

➡51ページ

もくじ

ペナルティーエリアでの処置のしかた　52

アンプレヤブルの処置のしかた　55

コースが独自に決める規則　56

処置について疑問があるとき　58

コースの場所別・ルール　59

ティーイングエリア

ジェネラルエリア

もくじ

もくじ

ペナルティーエリア

バンカー

もくじ

パッティンググリーン

ゴルフゲームは
自分がレフェリー

◉あるがままにプレー

ゴルフは1つの球を1つのクラブで打ち、18ホール（またはそれ以下）の1ラウンドをプレーするゲームです。各ホールはティーイングエリアからストロークして始まりパッティンググリーンのホールに入れて終わります。プレーヤーは

❶コースはあるがままにプレーする

❷球はあるがままにプレーする

　この2点が求められます。

◉ゲームの精神の下でプレー

すべてのプレーヤーは次のようなゲームの精神の下でプレーすることが期待されています。

❶誠実に行動すること。規則に従い、プレーのあらゆる面で正直であること

❷他の人への配慮を示すこと。速やかなペースでプレーする。安全に気を配るなど

❸コースを保護すること。ディボットを元に戻す。バンカーをならす。ボールマークを修理するなど基準に沿わずにプレーしても規則に基づく罰はありませんが、失格とされる場合もありえます。

◉自分自身で規則を適用する

ゴルフ規則の規則1〜25と、定義、そしてローカルルールにしたがう責任があります。

❶規則違反をしたときには違反を認め、自分自身の罰を適用するときには正直であること

❷球をドロップする場所の推定などはプレーヤーが合理的な判断で決めること

罰についての原則を
理解しておこう

◎罰が生じる行為とは

規則違反がプレーヤー自身、またはプレーヤーのキャディーの行為の結果である場合、罰を適用しなければなりません。

◎3つに整理された罰のレベル

プレーヤーが規則違反の行為で利益を受けることがないよう、罰が用意されています。罰には主に3つのレベルがあります。

❶1打の罰

違反による利益が少ない場合など

❷一般の罰（ストロークプレーでは2打の罰）

「1打の罰」よりも大きな利益を受けることが可能となったケースのほとんどの規則違反に対して適用する

❸失格の罰

重大な非行に関わる場合。プレーヤーが競技から失格となる場合もある

◎規則どおりに適用しなければならない

罰は規則に規定されているとおりに適用しなければなりません。

◎同時に複数の規則違反をした場合

新
ルール

1つの行為、または関連する行為の結果、複数の規則違反をした場合、違反が関連していたのか、関連していなかったのかの決定は、その適用には関係がなくなった。そのため、複数の罰が適用される事例は少なくなる。

スタート時間の厳守と
球の識別マーク

◎スタート時間に遅れると競技失格も

　スタートのホールへは早めに行き、前の組が打ち終わるのを静かに待ちましょう。スタート時間に遅れると競技失格ですが、スタート時間後5分以内にプレーできる状態でスタート地点に到着したときは、最初のホールで2罰打に軽減されます。

◎時間より早くスタートもできない

　規則上は早くスタートしても競技失格。しかし5分以内の遅刻と同じように、5分以内の早いスタートなら最初のホールで2罰打に軽減されます。

◎球に印をつけておく

　自分の球に印（識別マーク）をつけて、どんなときも自分の球と確認できるようにしておきます。

前の組が自分の最大飛距離以上離れてから球を打つ。

周囲に人がいないかどうかを確かめる。

スイング前に安全を確認

◉危険な場所に人がいないか確認する

　ゴルフは見方によってはたいへん危険の多いスポーツで、振ったクラブが他人に当たったり練習スイングで小石や球を飛ばしてしまったりすることもあります。周りの危険と思われるような所に人がいないか確かめてから、球を打ちます。

◉前の組に打ち込まない

　ティーイングエリアを含め球を打つときには自分の最大飛距離以上前の組が先に進んでからショットします。万一人のいる方に球が飛んでいったら、すぐに大きな声で「フォアー」と叫び危険を知らせます。

コースを傷める
ような素振りは
しないように…。

打った後削り取っ
た芝は、必ず元に
戻して直しておく。

コースの保護を考える

◎コースを傷める素振りをしない

芝を削り取って、コースを傷めるような素振りはしないようにしましょう。

◎ディボット跡は必ず直す

削り取ってしまった芝（ディボット）は必ず元の位置のディボット跡に戻して、スパイクで踏みつけ直しておきます。

またそのままになっているディボット跡には目土（めつち）を入れておきます。

バンカーショットの後は、必ず砂をならす。

入り口

砂は必ずならしておく

◎バンカーには土手が低く球に近い場所から入る

バンカーに入るときは土手が低くなっていて球に近い場所から入るようにします。バンカーを出るときも、同じルートを通ります。

◎バンカーレーキをそばに置く

ショットしてからすぐに取れるように、バンカーレーキを球の近くに置いておきます。

◎バンカーショットの後は砂をならす

バンカーショットの後は必ず砂をならします。

根を切らないように
ディボット跡の中央
に寄せる。

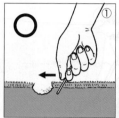

持ち上げてしまうと
根が切れてしまう。

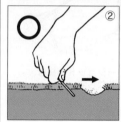

グリーンフォーク

ボールマークは必ず直す

グリーンに上がったら、必ずボールマーク(球の落下の衝撃でできた凹み)を直します。

人のプレーの線
（パッティングライン）
を踏まない。

グリーン面を傷めない

◎スパイクを引きずらない

　グリーン上ではスパイクを引きずって歩いたり走ったりせず、グリーン面を傷つけないようにします。

◎他のプレーヤーのプレーの線を踏まない

　他のプレーヤーのプレーの線（パッティングライン）は踏まないようにします。

◎グリーン上の損傷箇所は直せる

　ボールマークや古いホール跡に加え、スパイクマークなどの損傷箇所は、プレーを不当に遅らせることがない限り、プレーの前に修理できます。ただし、ホールの自然な摩耗やエアレーションの穴などは直せません。

プレーヤーの行動基準 (エチケット&マナー)

プレーの線の方向に立たない。

抜いた旗竿はなるべくグリーンの外に置く。

プレーの邪魔をしない

◎視界に入る場所に立たない

グリーン上でパッティングしている人のライン上や前方（視界に入る場所）には絶対に立ってはいけません。これはパットをするときだけではなく、すべてのショットをするときも同じです。

◎抜いた旗竿はグリーンの外に置く

抜いた旗竿はグリーン面を傷めないためにも、なるべくグリーンの外に置きます。

プレーは速くしよう

◎速やかなペースでプレー

すべてのプレーヤーは、速やかなペースでプ

レーすることが期待されています。自分の順番となってから40秒以内でプレーすることが推奨されています。

◎準備のできた人からプレー

プレーヤーは進行を遅らせないため、安全が確保できていれば、球の位置に関係なく準備ができたプレーヤーからプレーすることが勧められています。

◎次打に必要なクラブを持っていく

ショットを終えたら、次のショットで使いそうなクラブを数本持ち、球のある所へ速足で移動します。

◎球の捜索は3分以内

2019年の規則改訂で、球を捜す時間は3分以内に短縮されました。ただし、球の所まで行き自分の球かどうか「確認するため」の時間は1分間は認められます。

◎暫定球（予備球）は必ずポケットに入れておく

紛失球になったり、ＯＢやペナルティーエリアに入ることがありますので、あらかじめ暫定球（予備球）をポケットに入れておきます。

◎状況やプレーのラインを読んでおく

他のプレーヤーがプレーしている間に、次の自分のショットでどこを狙い、どのくらいの距離を打ったらよいかなど、あらかじめ戦略を立て次のプレーに備えておきます。

◎グリーン上でも時間をかけない

グリーンの芝目やラインの読みに時間をかけすぎず、速やかにパットします。プレーヤー全員がホールアウトしたら、旗竿を立てて素早くグリーンの外へ出ます。

コースの構成

　ゴルフ競技は18ホール（1ラウンド）を単位としてプレーし、境界の縁の内側のすべてのプレーエリアをコースと呼びます。コースを構成するのは、❶〜❺の5つに定義されたエリアから構成されています。

❶ジェネラルエリア

　コース全体から❷〜❺のエリアを除いたコースエリアを言います。ティーイングエリア以外のコース上のすべてのティーイング場所や、すべての目的外グリーンもジェネラルエリアになります。

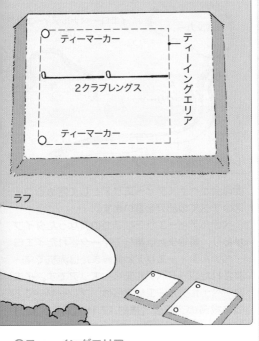

❷ティーイングエリア

　プレーヤーがプレーするホールをスタートするときに、最初にプレーするためのエリアです。ティーイングエリアは、２つのティーマーカーの最も前方を結ぶ線によって前の縁を定め、そこから後方に奥行き２クラブレングスの長方形の区域となります。

❸ペナルティーエリア

　ペナルティーエリアは、プレーヤーの球がそこに止まった場合に、１打の罰で救済が認められるエリアです。コース上のすべての水域と、

コースの構成

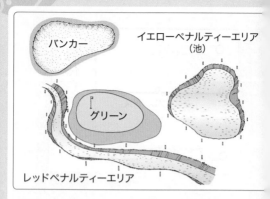

バンカー

イエローペナルティーエリア
（池）

グリーン

レッドペナルティーエリア

委員会がペナルティーエリアとして定めるコースのすべての部分を言います。

　ペナルティーエリアは2つの異なったタイプがあり、黄線または黄杭でマークされたイエローペナルティーエリアと赤線または赤杭でマークされたレッドペナルティーエリアです。イエローペナルティーエリアには、プレーヤーに2つの救済の選択肢【規則 17.1d（1）と（2）】があり、レッドペナルティーエリアには、加えてラテラル救済の選択肢【規則 17.1d（3）】があります。

④バンカー

　バンカーとするために作られた砂のエリアです。草で覆われているグラスバンカーや、バンカー全面が修理中で、修理地として定めた場合はジェネラルエリアの一部として扱われます。

⑤パッティンググリーン

　パッティングのために特別に作られたエリアです。プレーヤーが球を入れるためのホールがあります。他のホールのグリーンや予備グリー

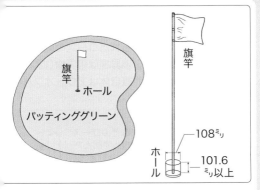

パッティンググリーン

旗竿

ホール

旗竿

ホール

108㍉

101.6㍉以上

ンまたは練習グリーンなど、プレーしていない
パッティンググリーンは目的外グリーンであり、
ジェネラルエリアの一部となります。

❻プレー禁止区域

プレーを禁止したコースの一部を言います。
プレー禁止区域は、異常なコース状態か、ペナ
ルティーエリアのいずれかの部分として定めら
れています。

❼旗竿

ホールの場所をプレーヤーに示すために、ホ
ールの中に立てた動かせるポール。2019年の
規則改訂で旗竿を立てたまま、パッティングし、
その球が旗竿に当たっても無罰になりました。

❽ホール

パッティンググリーン上に切られた、プレー
ヤーが最終的に球を入れる穴を指します。ホー
ルという言葉は、1番ホール、2番ホールとい
うように、ティーイングエリアからパッティン
ググリーンまでのコースの部分という意味にも
使われます。

ゴルフ規則用語の定義

アウトオブバウンズ

委員会によって定められたコースの境界縁の外側のすべての区域。境界縁は境界物（杭など）や線で定められ、杭や線自体はアウトオブバウンズです。

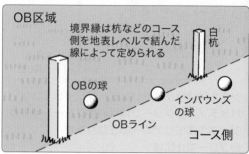

OB区域

境界縁は杭などのコース側を地表レベルで結んだ線によって定められる

白杭

OBの球

インバウンズの球

OBライン

コース側

アドバイス

プレー方法を決定するときやストロークを行うときなどに、プレーヤーに影響を及ぼすことを意図した口頭によるコメントや行為。コース上の物の位置、2点間の距離、規則など公開されている情報についてのコメントは含まれません。

異常なコース状態

動物の穴、修理地、動かせない障害物、一時的な水（34、36ページ参照）のこと。異常なコース状態に球が触れている、あるいはその状態の中や上にある場合、スタンスやスイングの

障害となる場合、罰なしの救済を受けられます。

異常なコース状態での救済について

◎ジェネラルエリアの球に対する救済

1 基点：ジェネラルエリアの完全な救済のニヤレストポイントを見つける。

2 救済エリアのサイズ：基点から1クラブレングスで、ジェネラルエリアであり、基点よりホールに近づかない範囲。異常なコース状態によるすべての障害からの完全な救済でなければなりません。

◎バンカー内の球に対する救済

ア 完全な救済のニヤレストポイントと救済エリアがそのバンカー内にある場合、無罰で救済を受けられます。

イ そのバンカー内に完全な救済のニヤレストポイントがない場合、救済エリアのための基点としてそのバンカー内の最大限の救済を受けることができるポイントを使用し、無罰で救済を受けられます。

ウ バンカー外で、ホールと球の箇所を結ぶ後方線上に基点を選択し、1罰打で救済を受けられます。

◎パッティンググリーンの球に対する救済

パッティンググリーン上かジェネラルエリアの完全な救済のニヤレストポイントを選び、無罰で救済を受けられます。完全な救済のニヤレストポイントがない場合、最大限の救済を受けることもできます。

ゴルフ規則用語の定義

●一時的な水の場合

スタンスが一時的な水たまりの中

1 基点

一時的な水たまりを避けてアドレスできる完全な救済のニヤレストポイントを見つけ、クラブヘッドの所にマークする（マークしなくてもよい）。

完全な救済の
ニヤレストポイント→

●修理地の場合

修理地にある球

1 基点

修理地を避けた所に完全な救済のニヤレストポイントを決める。

マークする
（マークしなくてもよい）

②救済エリアのサイズ

プレーの方向

1クラブレングス内に
ドロップする。

1クラブレングス 完全な救済の
ニヤレストポイント

②救済エリアのサイズ

↓プレーの方向

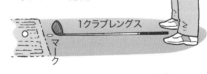

1クラブレングス

マーク

プレーの方向

1クラブレングス内に
ドロップする。

完全な救済の
ニヤレストポイント 1クラブレングス

ゴルフ規則用語の定義

一時的な水

　ペナルティーエリア以外の地表面に一時的にたまった水で、スタンスをとる前やスタンスをとった後に見えているもの（露や霜は含まれない）。異常なコース状態として、罰なしの救済が受けられます。

一般の罰

　ストロークプレーでは2罰打。マッチプレーでは、そのホールの負け。

インプレー

　コース上にあり、プレーで使用している球の状態。ティーイングエリアでその球にストロークを行ったときにインプレーとなり、ホールに入るまでインプレーの状態です。ただし、球がコースから拾い上げられたとき、紛失したとき、アウトオブバウンズに止まったとき、別の球に取り替えられたときに、インプレーではなくなります。

動いた

　止まっている球が元の箇所を離れて他の箇所に止まり、それが肉眼によって見ることができる場合。上下、水平、どの方向に動いたかにかかわらず適用されます。球が揺れているだけ、または戻っている場合、動いたことになりません。

動かせない障害物

　不合理な努力なしには、またはその障害物やコースを壊さずには動かすことができない物。その他の点において動かせる障害物の定義に合わない物。その場合、異常なコース状態からの救済を受けられます。

●動かせない障害物

支柱　　　　　カート道路　　　　金網

動かせる障害物

　合理的な努力でその障害物やコースを損傷させずに動かすことができる障害物。動かせない障害物や不可分な物の一部で、動かすことを意図して作られた物であれば、その基準に合致する場合、動かせる障害物として扱われます。

●動かせる障害物

 傘　　　　　　 空き缶

 吸いがら　　 ロープ

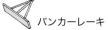 バンカーレーキ

ゴルフ規則用語の定義

●ジェネラルエリアの場合

プレーの方向 ↓

カート道路

○球

1 もしカート道路がなかったら、止まっている球に対してどのようにストロークするかを想定する。

カート道路

完全な救済の
ニヤレスト
ポイント→ ●←マーク

2 **1**で想定したストロークに対して、カート道路の障害がなくなる所で、ホールに近づかず、球の止まっている箇所に最も近い所にマークする。

３マークから１クラブレングスを測る。

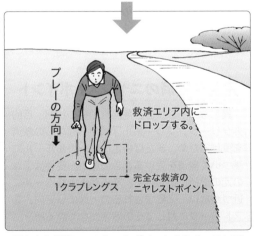

４完全な救済のニヤレストポイントよりホールに近づかずに救済エリア内にドロップする。

ゴルフ規則用語の定義

オナー

ティーイングエリアから最初にプレーするプレーヤーの権利。

改善

プレーヤーがストロークに対して潜在的な利益を得るためにストロークに影響を及ぼす状態、またはプレーに影響を及ぼす物理的な状態を変えること。

外的影響

プレーヤーの球、用具、コースに起きることに影響を及ぼす可能性のある人や物。プレーヤーとそのキャディーは除きます。動いている別の球は含めますが、自然の力は除かれます。

完全な救済のニヤレストポイント

異常なコース状態、危険な動物の状態、目的外グリーン、プレー禁止区域から罰なしの救済を受けるため、または特定のローカルルールに基づいて救済を受けるときの基点。要件は①球の元の箇所に最も近く、その箇所よりホールに近づかない。②要求されるコースエリア内。③ストロークに対してその障害がなくなる所。

キャディー

クラブを運ぶため、アドバイスを与えるためにラウンド中にプレーヤーを助ける人。

救済エリア

プレーヤーが規則に基づいて救済を受けるときに、球をドロップしなければならないエリア。大きさと場所が特定されています。①基点：救済エリアの大きさを計測するときの起点、②エリアの大きさ：救済の規則により、1クラブレングス、または2クラブレングス、③制限：特定の定義されたコースエリアだけ。基点よりもホールに近づかない。

境界物

アウトオブバウンズを定める、または示している人工物（例えば、壁、フェンス、杭、レーリング）。境界物はその全体、または一部を動かすことができるとしても、動かせない物として扱われます。境界物は障害物でも不可分な物でもありません。

クラブレングス

プレーヤーが持っている14本のクラブのうち、パター以外で最も長いクラブの長さ。

ゴルフ規則用語の定義

誤球

　次に挙げた以外のすべての球。①インプレーの球、②暫定球、③規則に基づいてプレーした第2の球。例としては、別のプレーヤーのインプレーの球、捨てられている球、プレーヤー自身の球でアウトオブバウンズとなっている球、紛失球となった球、あるいは拾い上げてまだインプレーとなっていない球。

誤所

　プレーヤーが自分の球をプレーすることを規則が求めている場所以外のコース上のすべての場所。

最大限の救済を受けることができるポイント

　完全な救済のニヤレストポイントがない場合に、バンカーやパッティンググリーンの異常なコース状態から罰なしの救済を受けるための基点。要件は①球の元の箇所に最も近く、その箇所よりもホールに近づかない。②要求されたコースエリア内。③その異常なコース状態がなかったら元の箇所から行っていたであろうストロークに対して、その状態による障害が最小となる所。

暫定球

　プレーされたばかりの球が、アウトオブバウ

ンズであったり、ペナルティーエリア以外の場所で紛失の可能性がある場合にプレーされる別の球。第2の球とは違います。

自然の力

　風、水などの自然の影響。または重力の影響により何かが起きる場合。

地面にくい込む

　球が、直前のストロークの結果としてその球のピッチマークの中にあり、その球の一部が地表面よりも下にある場合。草やルースインペディメントが球と土の間にあることもあります。

重大な違反

　誤所からのプレーが正しい場所から行われるストロークと比較して、プレーヤーに著しい利益を与える可能性がある場合。

修理地

　委員会がマーキングなどで修理地と定めるコースのすべての部分と、次のもの。別のホールのプレーのために使用しているダブルグリーン上のホール、後で移すために積まれた刈草、葉、他の物。ストロークやスタンスにより損傷する可能性のある動物の巣など。杭で定める場合、修理地の縁は地表レベルでその杭と杭の外側を

ゴルフ規則用語の定義

結んだ線で定め、杭は修理地内。線で示す場合、修理地の縁はその線の外側の縁となり、線自体は修理地内です。

障害物

不可分な物と境界物を除く、すべての人工物。人工の表面を持つ道路、建物、車両、排水溝、プレーヤーの用具、旗竿、バンカーレーキなど。

ストローク

球を打つために行われるプレーヤーのクラブの前方への動き。

ストロークと距離

プレーヤーが直前のストロークを行った所から球をプレーすることによって、規則に基づいて救済を受ける場合の処置と罰。

ストロークに影響を及ぼす状態

球のライ、意図するスタンス区域、意図するスイング区域、プレーの線、そのプレーヤーが球をドロップまたはプレースすることになる救済エリア。

取り替え

プレーヤーが別の球をインプレーの球にして

ホールをプレーするために使用している球を替えること。

ドロップ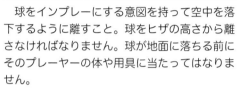

　球をインプレーにする意図を持って空中を落下するように離すこと。球をヒザの高さから離さなければなりません。球が地面に落ちる前にそのプレーヤーの体や用具に当たってはなりません。

　ドロップには元の球か、別の球を使うことができます。球は正しい方法でドロップしなければなりません。①プレーヤー自身がドロップする。②ヒザの高さからプレーヤーや用具に触れないように真下にドロップしなければなりません。③球は救済エリアにドロップしなければなりません。

◎再ドロップするとき

　上の3要件のどれかに違反した場合、正しい方法で再びドロップしなければなりません。また、再ドロップの回数に制限はありません。

　再ドロップせずに球が止まった場所からストロークを行った場合、救済エリアからプレーしたならば1罰打。救済エリアの外からプレーした、またはドロップしなければならないのにプレースしてプレーした場合は2罰打。

　正しい方法でドロップし、救済エリアに止まった場合、その球をあるがままにプレーします。正しくドロップした球が止まる前に人、用具などに当たってもどのプレーヤーにも罰はありません。

ゴルフ規則用語の定義

　正しい方法でドロップした球が救済エリアの外に止まったため、2回目のドロップをし、再び救済エリアの外で止まった場合、2回目にドロップしたときに、その球が最初に地面に触れた箇所に球をプレースし、プレーを続けます。

　プレースした球がその箇所に止まらない場合、その箇所に2回目のプレースをします。それがまた止まらない場合、球が止まる最も近い箇所に球をプレースします。

不可分な物

　委員会が定めた罰なしの救済が認められない人工物。動かせないものとして扱われます。しかし、不可分な物の一部が動かせる障害物の定義に合致する場合、その部分は動かせる障害物として扱われます。不可分な物は障害物でも境界物でもありません。

プレーの線

　ストローク後に自分の球にとらせたい線。線には地面の上方と、その線の両側に合理的な距離を持つ範囲を含みます。2点を結ぶ直線とは限りません。

紛失

　プレーヤーまたはそのキャディーが球を捜し始めてから3分以内に見つからない球の状態。

ゴルフ規則用語の定義

ペナルティーエリア

　球がそこに止まった場合、1打の罰で救済が認められるエリア。ペナルティーエリアの縁は杭、線で定められます。杭の場合、ペナルティーエリアの縁は、地表レベルでその杭と杭の外側を結んだ線で定め、その杭はペナルティーエリア内。線の場合、ペナルティーエリアの縁はその線の外側の縁となり、線自体はペナルティーエリア内となります。救済の処置方法は52〜54ページ参照。

ホールに入る

　球がストローク後にホールの中に止まり、球全体がパッティンググリーン面より下にあるとき。球がホールの中の旗竿に寄りかかって止まっている特別なケースについては、球の一部がパッティンググリーン面より下にあれば、その球はホールに入ったものとして扱われます。

ボールマーカー

　プレーヤーが拾い上げる球の箇所をマークするために使用する人工物。ボールマーカーを球の直後、または球のすぐ近くに置くことは「マーク」と言います。

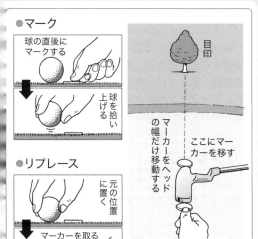

●マーク

球の直後にマークする

球を拾い上げる

●リプレース

元の位置に置く

マーカーを取る

目印

マーカーをヘッドの幅だけ移動する

ここにマーカーを移す

グリーン上でマークしたとき、他のプレーヤーのプレーの線上になる場合

用具

　プレーヤーやそのキャディーが使用している、身につけている、手にしている、運んでいる物。コース保護のために使用する物（バンカーレーキなど）はプレーヤーかそのキャディーが手にしている間に限り、用具となります。

用具規則

　ラウンド中に使用が認められるクラブ、球、他の用具の仕様や他の規定。

ゴルフ規則用語の定義

ライ

　球が止まっている箇所と球に触れているか、球のすぐ近くにある、生長または付着している自然物、動かせない障害物、不可分な物、境界物。ルースインペディメントと動かせる障害物は球のライの一部ではありません。

リプレース

　球をインプレーにする意図を持って、球を接地させて手放すことによって球を置くこと。

ルースインペディメント

　分離した自然物。例えば、石、分離した草、葉、枝、小枝。動物の死骸や排泄物、ミミズ、昆虫や簡単に取り除くことができる類似の動物、それらが作った盛り土やクモの巣、圧縮された土の塊が含まれます。しかし、付着している、生長している自然物、地面に固くくい込んでいるもの、球に貼り付いている物は含まれません。また、特別な場合として、砂、バラバラの土、露、霜、水は含まれません。

　雪と自然の氷（霜以外）は、プレーヤーが、ルースインペディメントか、または地面の上にある場合は一時的な水のいずれかになります。

分かっている、または事実上確実

　プレーヤーの球に起きたことを決定するための基準。例えば、球がペナルティーエリアの中に止まったのかどうか、球が動いたのかどうか、何が球を動かす原因となったのか。「分かっている、または事実上確実」とは、単にその可能性がある、それが起こりそうというだけのレベルでは当てはまりません。決定的な証拠がある、もしくは疑念がほんのわずかにあるけれども、可能性が95％以上あるといえる場合に当てはまります。

障がいを持つプレーヤーのための修正

　障がいを持つプレーヤーがゴルフをする際に必要な規則が、2023年から修正規則がプレーの規則25として掲載され、すべての競技に適用されました。

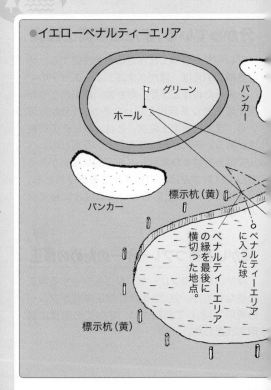

●イエローペナルティーエリア

グリーン

ホール

バンカー

バンカー

標示杭（黄）

標示杭（黄）

ペナルティーエリアに入った球

ペナルティーエリアの縁を最後に横切った地点。

イエローペナルティーエリアでの救済処置

　球がイエローペナルティーエリアにある場合（見つかっていなくてもそのエリアにあることが「分かっている、または事実上確実」な場合を含む）は、球をあるがままにプレーするか、1罰打で救済を受けることができます。

　イエローペナルティーエリアで救済を受ける際は、次の2つの選択肢があります。

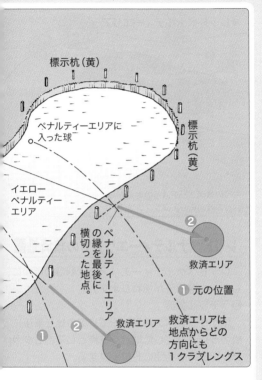

標示杭（黄）

ペナルティーエリアに
入った球

標示杭（黄）

イエロー
ペナルティー
エリア

ペナルティーエリアの縁を最後に横切った地点。

2 救済エリア

1 元の位置

2 救済エリア

救済エリアは
地点からどの
方向にも
1クラブレングス

❶ストロークと距離の救済

　プレーヤーは直前のストロークを行った場所
から元の球か別の球でプレーする。

❷後方線上の救済

　球がそのペナルティーエリアの縁を最後に横
切った地点とホールを結ぶ線上でドロップした
ときに、その球が最初に地面に触れた線上の箇
所が救済エリアを定め、その救済エリアはその
地点からどの方向にも1クラブレングスとなる。

53

ペナルティーエリアでの処置のしかた

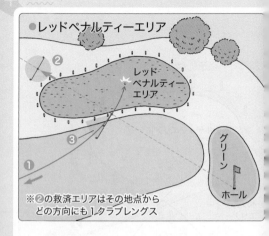

●レッドペナルティーエリア

レッド
ペナルティー
エリア

グリーン

ホール

※❷の救済エリアはその地点から
どの方向にも1クラブレングス

レッドペナルティーエリアでの救済処置

　レッドペナルティーエリアでは❶❷のほかに、もう一つ選択肢が加わります。

❸ラテラル救済

　球がレッドペナルティーエリアの縁を最後に横切ったと推定した地点を基点として、2クラブレングスの範囲にドロップする。

　ボールが止まった場所が、基点よりホールに近づかないこと。同じペナルティーエリア以外であればどのコースエリアでもいいが、ドロップしたときに最初に触れたのと同じコースエリアに止まらなければならない、という制限があります。

　対岸での救済処置はローカルルールで定められていない限りなくなりました。

アンプレヤブルの処置のしかた

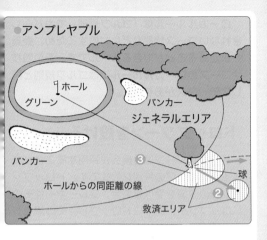

●アンプレヤブル

グリーン
ホール
バンカー
ジェネラルエリア
バンカー
③
ホールからの同距離の線
②
球
救済エリア

アンプレヤブル

　ゴルフはあるがままの状態でプレーするのが大原則ですが、木の根に球がくい込んだ状況など、そのままでは打てないとき、あるいは打ちたくないときには、ペナルティーエリアにある場合を除き「アンプレヤブル」を宣言し、1罰打で、救済を受けることができます。選択肢は次の3つです。

❶球を打った元の位置に基点を決め救済エリアにドロップして打ち直す。その際、基点よりホールに近づいてはならない。ティーイングエリアの場合はティーアップしていい。

❷ホールと球のあった箇所を結んだ後方線上の救済エリア（その地点からどの方向にも1クラブレングス）にドロップする。**新ルール**

❸球から2クラブレングス以内の救済エリアにドロップする。

コースが独自に決める規則

ローカルルールは「ゴルフ規則」でカバーしきれないコース状態などに対処するため、委員会が定めることができるルールです。その競技やコースのローカルルールにはゴルフ規則と同じステータスがあります。

ドロップゾーンを設ける

ドロップゾーンは委員会が採用することができる救済エリアの特別な形式です。ドロップゾーンでの救済を受ける場合、プレーヤーはそのドロップゾーンの中にドロップし、その球をドロップゾーンの中に止めなければなりません。

プリファードライ

大雪、雪解け、長雨、猛暑などの悪条件で損傷するおそれがある状態がコースの広範囲に及ぶ場合、委員会はフェアプレーを可能とし、フェアウェイを保護するために、プリファードライのローカルルールを採用することができます。当てはまる場合は、元の球の箇所から、規定されたサイズ（1クラブレングス、1スコアカードレングス、6インチなど）の救済エリアにプレースし、その救済エリアからプレーすることができます。

OBや紛失球の「ストロークと距離」以外の救済

あるはずの場所に行ってみたらOBや紛失球になったというケースがあります。元の位置に戻って打ち直しをするとプレーが遅れてしまう

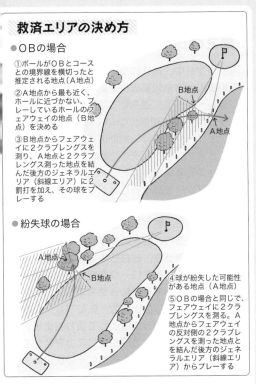

救済エリアの決め方

●OBの場合

①ボールがOBとコースとの境界線を横切ったと推定される地点（A地点）

②A地点から最も近く、ホールに近づかない、プレーしているホールのフェアウェイの地点（B地点）を決める

③B地点からフェアウェイに2クラブレングスを測り、A地点と2クラブレングス測った地点を結んだ後方のジェネラルエリア（斜線エリア）に2罰打を加え、その球をプレーする

●紛失球の場合

④球が紛失した可能性がある地点（A地点）

⑤OBの場合と同じで、フェアウェイに2クラブレングスを測る。A地点からフェアウェイの反対側の2クラブレングスを測った地点とを結んだ後方のジェネラルエリア（斜線エリア）からプレーする

場合、打ち直し以外の選択肢として次のローカルルールが設定できます。OBの場合はOBとの境界を横切った地点、紛失球の場合は元の球がコース上に止まったと推定される地点から、いずれもホールと結んだ等距離のフェアウェイの一番近い地点を確定し、そこから2クラブレングスの範囲の救済エリアにドロップしてプレーを続けることができます。どちらも2罰打がつきます。

処置について疑問があるとき

処置が分からない場合は 第2の球もプレーする

　ラウンド中、規則についての疑問がある場合の処置の仕方も規則の中で紹介されています。

◎プレーを不当に遅らせてはならない

　ラウンド中に規則について疑問がある場合、レフェリーや委員会に規則の援助を求めることができます。しかしそのためにプレーが遅れる可能性がある場合、ストロークプレーでは2つの球でプレーを続けることができます。

❶疑問となる状況が生じた後、次のストロークを行う前に、異なる処置を選んだ2つの球をプレーすることを決めなければなりません。

❷2つの球のうち、どちらの球をカウントするのかを選び、ストロークを行う前にマーカーか他のプレーヤーに知らせます。

❸時間内に選択しない場合、先にプレーした球が自動的に選択した球として扱われます。

❹プレーヤーは両方の球が同じスコアとしても、スコアカードを提出する前にその状況の事実を委員会に報告しなければなりません。

❺第2の球をプレーすることを明らかにせずにストロークを行った場合、その前の球でのスコアがカウントされます。

❻プレーヤーが選択した球の処置を規則が認めるとされた場合、そのスコアがカウント。認められない場合、他の球にとった処置が認められるときはそのスコアがカウントされます。

◎レフェリー、または委員会による裁定にしたがわなければならない

◎委員会が裁定を行うときに、ビデオの証拠の使用は「肉眼」基準によって制限される

コースの
場所別・
ルール

SITUATION 1

他のプレーヤーにバンカーなどの場所を聞いた

初めてのコースなので、打つ前にバンカーや池、OBのある場所を他のプレーヤーに聞いた。

0 罰打	そのまま プレーを続ける

バンカーやOB、グリーン上の旗竿の位置などはルール上「公開されている情報」とされている。したがって、これらを誰に聞いても教えても「アドバイス」にはならない。

規則 10.2a・参照

SITUATION 2

ティーイングエリアの 近くでパットの練習をした

ティーイングエリアの周りで、パットの練習 をした。

0 罰打 そのまま プレーを続ける

ティーイングエリアやその近くでのパッティングや チッピングの練習はしてもよい。ただし、そのため に不当にプレーを遅らせると1罰打になる（最初の 違反：1罰打、2回目の違反：2罰打、3回目の違 反：失格）。

規則 5.5b　5.6a・参照

SITUATION 3

ティーイングエリアで球の周囲の芝草を踏んだ

ティーショットや、チョロの後のティーイングエリア内での２打目で、球の周囲の芝草が盛り上がっていたので、スパイクで踏んで直してから打った。

ギクッ

0 罰打 そのままプレーを続ける

ティーイングエリアでは、インプレーであっても地面の不整箇所は直すことができる。なお、ティーイングエリアの範囲は、ティーマークの先端から奥行２クラブレングス。29ページ参照。

規則 6.2b (3)・参照

SITUATION 4

アドレス後にティーから
球が落ちた

1打目にティーアップしてアドレスしようと、
クラブヘッドを球に近づけたら、ティーから
球が落ちてしまった。

0 罰打 | 再ティーアップして プレーを続ける

球を打つ意思がないのでストロークではない。球は
インプレーになっていないので、罰なしにもう一度
ティーアップすることができる。

規則 6.2b (5)・参照

SITUATION 5

ティーから落ちた球を 再ティーアップした

パー5のホールのティーショットで力が入り過ぎ空振りしたら、ティーから球が落ちたので、もう一度ティーアップして打った。

あっ
しまった!!

0 罰打 | そのまま プレーを続ける

空振りもストロークなので、その瞬間にインプレーの球になる。球がまだティーイングエリアにある場合、インプレーの球を拾い上げて再ティーアップしてプレーすることができるし、エリア内の別の場所に再ティーアップすることもできる。もちろんそのままプレーしてもよい。

規則 6.2b (6)・参照

SITUATION 6

球がティーマーカーの後ろに止まった

ティーショットをチョロしたら、球がティーマーカーの後ろ（ティーイングエリア内）に止まってしまい打てない。

あれ!?

ビュッ

コロコロ....

0 罰打 | ティーマーカーは動かしてはいけない

球がティーイングエリアの外に出た場合は、ティーマーカーは動かせる障害物になるが、球がティーイングエリアに残った場合、ティーマーカーを動かすことはできない。しかし無罰で（2打目として）ティーイングエリア内の別の箇所から打つことができる（ティーアップしてよい）。

規則 6.2b (4)(6)　8.1a (1)・参照

SITUATION 7

バッグをのぞき
何番を使ったかを見た

パー3のホールで何番で打てばよいか決めかねていたので、オナーがクラブを取り出した後でバッグをのぞき、何番を使用したかを確かめた。

0 罰打　そのまま
プレーを続ける

見て得た情報はアドバイスにはならないので、罰はない。かりに、バッグにタオルなどがかけてあったのを取り除いて見たときには違反になる（2罰打）。

規則 10.2a・参照

SITUATION 8

打順を間違えて先に打った

遅れ気味だったので、慌ててしまい打順を間違え、3番目なのに2番目の他のプレーヤーより先に打ってしまった。

0 罰打 そのままプレーを続ける

打順を間違えても罰はなく、そのままプレーを続ける。もし、打ち直してしまうと、打ち直した球がストロークと距離の罰のもとにインプレーの球となって、第3打目になってしまう。他のプレーヤーの準備が整っていない場合、準備ができている人が先に打ってもよい「レディーゴルフ」が推奨されている。

規則 5.6b　6.4b・参照

SITUATION 9

グリップに
タオルを巻いて打った

グリップを持ったら雨に濡れて滑るので、うす手のタオルを巻いてティーショットした。

0 罰打 | そのまま プレーを続ける

手袋をしたり、グリップに松脂をつけたり、ハンカチやタオルを巻いたりしても罰はつかない。

規則 4.3a (5)・参照

使用していないティーから打った

ティーショットを間違えてすぐ前にあるレディース・ティーにティーアップして打ってしまった。

レディース・ティー

バシッ

2 罰打 ティーイングエリアに再ティーアップして打ち直す

間違ったティーイングエリアからプレーした場合は、本来打つべきティーイングエリアの外からのプレーとなるので、2罰打を付加して正しいティーイングエリアから打ち直さなくてはならない。ティーイングエリア外からの打数は数えないため、打ち直しは3打目となる。打ち直しをしないまま次のホールのティーショットを打ったり、最終ホールではスコアカードを提出する前にその誤りを訂正しなかったときには、失格になる。 規則 6.1b・参照

邪魔になる小枝を折った

ティーショットでテークバックしたら、クラブヘッドに小枝が当たるので、邪魔な小枝を折ってから球を打った。

ボキッ

2 罰打 | そのままプレーを続ける

ティーイングエリア上では地面の不整の場所を直しても構わないが、スイングの区域を改善（小枝を折るなど）することは認められていない。なお、小枝を折ってからティーアップの位置を変えても罰は同じ。

規則 6.2b(3)　8.1・参照

SITUATION 12

打球がOBや紛失の
可能性のあるガケ下に飛んだ

右側にOBのあるホールで、ティーショットを打ったら、OBの方向へ飛んでしまった。OBの可能性もあるし、林の中で球が見つからない可能性もありそうだ。

0/1 罰打　ティーアップして
暫定球を打つ

OBか紛失の恐れのあるときは、他のプレーヤーに必ず「暫定球」を打つことを告げ、初めの球がインバウンズにあれば暫定球を放棄し、初めの球でプレーを続ける。この場合罰はない。初めの球がOBなら、暫定球がストロークと距離の罰のもとにインプレーの球（次打は4打目）になる。

規則 18.3・参照

SITUATION 13

他のプレーヤーに告げずに「暫定球」を打った

いきなりOBの恐れがある方に打ってしまい、カッとして「暫定球」を他のプレーヤーに告げずに、もう1個球を打ってしまった。

1 罰打　そのままプレーを続ける

「暫定球」を他のプレーヤーやマーカーに告げずに打ってしまうと、その球がインプレーの球になり、3打目をプレーしたことになる。

規則 18.3b・参照

SITUATION **14**

他のプレーヤーに
何番で打ったかを聞いた

打ち上げのパー3のホールで何番で打っていいか分からなかったので、ティーショットを終えた他のプレーヤーに何番を使ったのかを聞いた。

何番で打ったの？

2 罰打 そのまま
プレーを続ける

使用クラブを聞いたり教えたりすることはアドバイスになり、2罰打がつく。つまり、聞いた方も教えた方もともに2罰打。アドバイスを求められるのは自分（共用）のキャディーだけ。

規則 10.2・参照

間違って他のプレーヤーの
クラブで打った

遅れていたので、慌てて他のプレーヤーのバッグからクラブを抜き取り、そのクラブでティーショットをしてしまった。

> それオレのクラブだよ!!

2 罰打 | そのまま プレーを続ける

プレーヤーが使えるクラブはプレーヤー自身が選んだ14本以内のものに限られる。そのため、間違って他のプレーヤーのクラブを使うと2罰打になる。他のプレーヤーのクラブを使用しないことをすぐに明確にしなければ失格になる。

規則 4.1b　4.1c・参照

SITUATION 16

スタンスがティーイングエリアの外に出ていた

ティーイングエリアにティーアップしてティーショットしたら、スタンスがティーイングエリアの外に出ているのに気がついた。

ティーイングエリア

ティーイングエリアの外

ティーマーカー

0 罰打

そのままプレーを続ける

球がティーイングエリアにあれば罰はない。ティーイングエリアの外に立って、ティーイングエリアにティーアップした球を打つことはできる。なお、ティーイングエリアの範囲は、ティーマーカーの先端から奥行2クラブレングス。29ページ参照。

規則 6.2b・参照

SITUATION 17

空振りしたが球は ティーから落ちなかった

ティーショットでたまたま空振りをしてしまったが、球はティーに乗ったまま落ちなかった。そこでそのままティーショットをした。

あれっ!?

空振りした!!

0 罰打 | そのまま プレーを続ける

空振りもストロークなので、その瞬間にインプレーの球になる。そのまま打ってもいいしティーイングエリア内に再度ティーアップして打ってもいい。次のショットは第2打になる。

規則 6.2b・参照

方向確認のクラブを
取り除いてから打った

スタンス方向を確認するために、足の前にクラブを置きスタンスをとってから、クラブを取り除きティーショットをした。

←打つときに
　取り除いた

2 罰打 | そのまま プレーを続ける

スタンスをとるときの援助となる物を置いてはならない。この規則に違反してスタンスをとった場合、そのスタンスを解いたり、その物を取り除いたとしても罰を免れることはできない。

規則 10.2b (3)・参照

SITUATION 19

スタート前にクラブに鉛を貼った

ドライバーのヘッドを利かせるため、朝のスターティングホールでスタート前にドライバーのヘッドに鉛を貼った。

鉛を貼る

0 罰打 | そのままプレーを続ける

ラウンドの始まるスタート前なら、鉛を貼っても問題ない。しかし、ラウンド中に、鉛を貼ったり、剥がしたりすると違反になる（108ページも参照）。

規則4.1a　4.1a(3)・参照

ティーイングエリアの外から打ってOBになった

ティーアップして打ったら、スライスして右のOBの中へ飛び込んでしまったが、ティーの跡を見るとティーイングエリアの外だった。

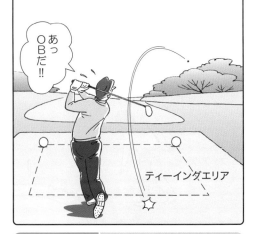

2罰打 | 正しい区域から打ち直す

改めて正規のティーイングエリアから打ち直す。打数やOBの罰は数えず、ティーイングエリアの外から打ったことの2罰打を加え、第3打目としてティーアップして打ち直す。

規則 6.1b・参照

SITUATION 21

自分では見えない
レッドペナルティーエリアに入った

> フェアウェイが右傾斜して、その先に池があり、ティーショットがその方向へ飛んだ。球が池に入ったことは見えなかったが、球がレッドペナルティーエリアに入ったことが事実上確実だったのでドロップして打った。

フェアウェイ

池

1罰打 横切った場所を推定する

球が池方向に飛び、入ったことが分かっている、または事実上確実の場合、1罰打で救済を受けることができる。ストロークと距離の救済か、球がレッドペナルティーエリアの縁を横切った場所を推定し、後方線上、またはラテラル救済を受けることができる。

規則 17.1c・参照

SITUATION **22**

クラブを15本以上
入れたままスタートした

2番ホールのティーショットをしてから、バッグにクラブを戻しにいって中を見たら、なんとクラブが15本も入っていた。

> あっ
> 15本ある!?

4 罰打 | 除外することを
マーカーに伝えて
プレーを続ける

使用できるクラブは14本までで、15本以上持ち運ぶと違反になる。違反した1ホールにつき2罰打になるが、1ラウンド中最高4罰打まで。クラブの超過に気づいたら、すぐに使用しないクラブを決めて除外することを明確にしなければ、失格になる。

規則 4.1b　4.1c・参照

81

SITUATION 23

ティーマーカーの位置を変えたが、元に戻した

ティーショットを打とうとしたら、どうもティーマーカーの向きがおかしいので、ティーマーカーを引き抜き、他の位置へ置き替えたが、元に戻した。

0 罰打 元に戻してプレーを続ける

プレーヤーがティーイングエリアからプレーする前に、ティーマーカーを動かすことによってストロークに影響を及ぼす状態を改善した場合は、2罰打となる。しかし、ストロークする前に元に戻せば罰は免れる。

規則 6.2b⑷ 8.1c・参照

途中で止めたスイングが球に当たった

球を打とうとしてスイングを開始したが、ダウンスイングで球に止まっている虫が気になり、途中で止めようとしたが、ヘッドが球に当たってしまった。

0 罰打 そのままプレーを続ける

意思を持ってスイングを止めようとした場合は、ストロークをしたことにならないと規定されている。しかし、球に当たって動かしてしまった場合は、たとえプレーヤーが「意思を持って止めようとした」としてもストロークを行ったとみなされる。球は止まったところから2打目となる。

定義 ストローク・参照

SITUATION 25

スイングを途中で止めたら
球の上を通り過ぎた

ダウンスイングの途中で、打つのをやめよう
とした。球に当たるのは避けることができた
が、勢い余って球の上を通り過ぎてしまった。

スイングを
止められ
なかった！

0 罰打 そのまま プレーを続ける

クラブヘッドが球よりも前方に出てしまっているが、
ダウンスイングを止める意思を持って、クラブの軌
道を変えた結果と見なされる。そのため、まだイン
プレーの球にはなっていない。改めて1打目として
ストロークすればいい。

定義 ストローク・参照

OB後打ち直しで
球がティーから落ちた

スタートホールでいきなりOBを打ち、「暫定球を打つ」と宣言して球をティーアップしてアドレスしたら、クラブヘッドが球に触れて落ちてしまった。

> あれ!?
> 落ちちゃった!!

0 罰打 再ティーアップしてプレーを続ける

ティーイングエリアでは球をストロークするまで、インプレーの球にはならない。再ティーアップして、プレーを続ける。

規則 6.2b（5）・参照

SITUATION 27

5インチのティーに球を乗せて打った

高い球を打ち飛ばしたい一心で、長さが5インチあるティーを使ってティーアップし、球を打った。

5インチ
ティー

最初は2罰打
2回目は失格

ティーアップするのに使えるティーの長さは4インチ（101.6ミリメートル）以下と決められている。それ以上長い不適合のティーを使うと最初は2罰打、2回目は失格となる。

規則 6.2・参照

SITUATION 28

ホールとホールの間で 球を打った

ホールアウトしてから、次のティーイングエリアに向かう途中で、手にしていた球を地面に落とし打った。

2 罰打 次のホールの スコアに加算する

ホールとホールの間で練習ストロークをしてはならない。許されるのはプレーを終えたばかりのグリーンや次のティーイングエリアでのパッティングやチッピングの練習だけ（61ページ参照）。違反は2罰打となる。

規則 5.5b・参照

アドレスし直したら
球がティーから落ちた

ティーショットを空振りしたが、球はティーから落ちなかった。そこでアドレスをし直したら、球がティーから落ちてしまった。

あっ!!

コロッ

0 罰打　リプレースして プレーを続ける

プレーヤーのインプレーの球がストローク後にティーイングエリア内にある場合は、拾い上げて違う場所にティーアップしても、動かしたりしても罰はない。

規則 6.2b　9.4b・参照

88

SITUATION 30

キャディーにスタンス向きを確かめさせてから打った

グリーンを狙うショットに臨み、スタンスをとる際に、方向が正しいかを確かめてもらおうとして、後方にキャディーを立たせて確認してもらい、その後どいてもらった。

2 罰打 そのままプレーを続ける

スタンスをとり始めた後に、キャディーをプレーの線の球の後方延長線上やその近くに立たせることは禁止。しかし、ストロークを行う前にプレーヤーがその場を離れ、そのプレーヤーが再びストロークのためにスタンスをとり始める前にキャディーがその制限される区域を離れれば罰はない。

規則 10.2b ⑷・参照

89

SITUATION 31

救済を受ける際、マーカーを呼ばずにドロップした

球が木の根の間に挟まっていたため、打てないと判断し「アンプレヤブル」の救済を受けようと決めた。マーカーはフェアウェイの反対側の林の中で自分の球を捜していたのであえて呼ばず、誰も見ていない状況だったが、ドロップの処置をした。

1 罰打 そのままプレーを続ける

規則に基づいて救済を受ける場合、マーカーに事前に知らせたり、立ち会わせる必要はない。プレーヤーが規則に基づいて誠実に処置することが求められている。アンプレヤブルの1罰打はつく。

規則 19・参照

生け垣に乗った球を
グリップを胸につけて打った

生け垣の上に球が乗っていた。球が胸の高さになり、非常に打ちづらかったため、ヘッドの軌道を安定させるために胸にグリップエンドをつけて支点を安定させて振った。

2 罰打
そのストロークをカウントし2罰打を加える

「アンカリング」はパターだけでなく、他のクラブでも禁止されている。

規則 10.1b・参照

フェアウェイに落ちている松ぼっくりを打った

フェアウェイを歩いていたら松ぼっくりがたくさん落ちていたので、持っていたクラブで1〜2回松ぼっくりを打った。

0 罰打 | そのままプレーを続ける

松ぼっくりを打っても罰にはならない。ただし、プラスチック製の球や毛糸玉などのゴルフボール同様のサイズ（人工物）を打った場合は違反になる。

規則 5.5・参照

SITUATION 34

何ヤードを示す
距離標示杭かを聞いた

グリーンの中央までの残りの距離を示している杭（樹木）がほんとうに150ヤードあるのかどうかを他のプレーヤーに
聞いた。

ほんとうに150ヤードある？

0 罰打 そのままプレーを続ける

定置物（決まったところにあるもの）である杭や樹木、スプリンクラーヘッド、バンカーなどからグリーンまでの距離や、定置物から定置物までの距離などは「公開されている情報」とされ、アドバイスにはならない。また、自分の球（定置物ではない）からグリーンまでの残りの距離を聞くこともアドバイスとならない。

規則 10.2・参照

ラフにくい込んだ球を
拾い上げてドロップした

球がラフの地面にくい込んでいた。そのままでは打てなかったので、球を拾い上げて、直後に基点を決めてドロップした。

0 罰打 | そのまま プレーを続ける

球がジェネラルエリアの地面にくい込んでいる場合、無罰で救済を受けられる。ボール直後に基点を決めて救済エリアにドロップする。

規則 16.3b・参照

アドレスしたら
球が揺らいだ

フェアウェイで打つ方向を見定めてから、球にアドレスしたら、ヘッドが球に偶然触れて揺らいだ。

ヨロ…

0 罰打 | そのまま プレーを続ける

「止まっている球が元の箇所を離れて他の箇所に止まり、それが肉眼によって見ることができるとき」、球は動いたことになる。したがって、アドレスでヘッドが球に触れ揺らいだが、元の位置に戻って止まったのであれば、罰はない。

定義 動いた・参照

ジェネラルエリア

SITUATION 37

同時に打った2つの球が当たった

> フェアウェイの左右に分かれたプレーヤーがほぼ同じ距離だったので、同時に球を打ってしまい、グリーンの手前で2つの球が当たってしまった。

ガツーン

0罰打 球の止まった所からプレーを続ける

2つの球とも止まった場所から、あるがままの状態でプレーを続ける。かりに片方の球がOBになれば、その球のプレーヤーはOBの処置をとらなければならない。

規則 11.1a 11.1b・参照

修理地内で自分の
球を動かした

枯れ草を積んだ修理地に球が飛び込んだので、枯れ草を分けながら球を捜していたら誤って自分の球を動かしてしまった。

枯れ草

0 罰打 | リプレースかドロップしてプレーを続ける

修理地内で自分の球を捜しているとき誤って動かしても、罰はない。修理地の救済（修理地外のジェネラルエリアにドロップ）も受けられるが、そのまま打つのであれば、球のあった位置に戻して置き（リプレース）、プレーを続ける。

規則 7.4　16.1・参照

SITUATION 39

ドロップ範囲の外の
茂みの枝を折った

修理地からの救済を受ける際に、ドロップした球が転がっていきそうな場所の茂みに入ると厄介だと思って木の枝を折っておいた。

邪魔になりそうな枝は折っとこう・・・

2 罰打 | そのまま プレーを続ける

修理地からの救済でドロップする際には、落ちた所から球が転がってもそれが救済エリア内なら、再ドロップせずにそのままプレーすることになる。そのためその範囲のライをあらかじめ改善しておくことは違反となる。

規則 8.1a・参照

ジェネラルエリア

打った球が
他のプレーヤーに当たった

前方の左側のラフを歩いている他のプレーヤーに、まさか引っかけまいと思って打った球が運悪く当たってしまった。

0 罰打 | 球の止まった所からプレーを続ける

動いているプレーヤーの球が偶然に他のプレーヤーに当たった場合は、球の止まった位置から、罰なしであるがままにプレーを続ける。

規則 11.1・参照

SITUATION 41

小枝を取り除いたら
球が動いた

小枝はルースインペディメントなので、球の後ろにある小枝を取り除いたら、球が動いてしまった。

1 罰打	リプレースして プレーを続ける

球の動いた原因がルースインペディメントを取り除いたことにある場合は1打の罰を加え、リプレースしてプレーを続ける。

規則 15.1b・参照

SITUATION 42

球が他のプレーヤーの球に当たった

フェアウェイで打った球が、偶然にも他のプレーヤーの止まっている球に当たってしまった。

あっ!?

0 罰打 球の止まった所からプレーを続ける

両者に罰はなく、当てた球は止まった位置からプレーを続ける。当てられた球は元の位置に球を置く（リプレース）か、元の位置が分からないときは、球があったと思われる地点を推定して、その推定した箇所にリプレースして、プレーを続ける。

規則 9.6　14.2・参照

SITUATION **43**

支柱の内側に球が止まり打てない

ナイスショットした球が、フェアウェイの中央にある樹木の支柱の内側に止まり、スイングするのに支柱が邪魔になる。

> これじゃ打てないよ!!

0 罰打 | ドロップしてプレーを続ける

支柱は動かせない障害物なので、無罰で救済が受けられる。①まず完全な救済のニヤレストポイントを決め、②救済エリア内にドロップして、プレーを続ける（38～39ページ）。

規則 14.3　16.1a・参照

SITUATION 44

球が舗装道路の上に止まった

球がスライスして、右のラフの中にある舗装された道路の上に止まってしまった。

あっ道路の上にある!?

0 罰打 ドロップしてプレーを続ける

舗装された道路やカート道路も動かせない障害物。ルールにしたがい救済が受けられる（38〜39ページ）。

規則16.1a・参照

SITUATION 45

球がOB手前の
金網に接して止まった

球がOBの白杭に沿って、コース側に張ってあるOB止めの金網(OBの境界線ではない)に、接して止まってしまった。

動かしていいのかな?

OB杭

0 罰打 ドロップしてプレーを続ける

コース側にある金網は動かせない障害物になる。ルールにしたがい支柱やカート道路と同じ方法(38〜39ページ)で、救済を受けられる。ただし、金網がOBの境界物になっていたり、OB杭の外側に設置してあるときは、救済が受けられない。

規則 16.1a・参照

SITUATION 46

球の横を踏んだら
水が滲み出てきた

フェアウェイに止まった球の横をスパイクで
踏んだら、水が滲み出て水たまりのようにな
ったので、異常なコース状態の処置をとり、
水たまりにならない位置にドロップした。

あれ!?
水が出てきた!!

滲み出た水

1/2 罰打

リプレースしたら
1罰打、そのまま
プレーしたら2罰打

スタンスをとる前やスタンスをとった後に見えるの
が一時的な水たまり。球の周りを踏んで水たまりが
できたとしても救済は受けられない。救済を受けら
れないのに、球を拾い上げたことで1罰打、誤所か
らのプレーをしたら2罰打となる。

規則 9.4　14.7　16.1・参照

アドレスしたら
水が滲み出てきた

雨上がりで、水分を多く含んだフェアウェイ
に止まった球にアドレスしたところ、水が滲
み出てきた。異常なコース状態の救済処置と
してドロップした。

ジワッ・・

0 罰打 | そのまま プレーを続ける

正常なスタンスをとり、水が滲み出てきた場合は異
常なコース状態と認められる。仮に、片足に体重を
かけて強く踏みしめたときに一時的な水たまりにな
るとしても、それは正常なスタンスではないため、
認められない。

規則 16.1・参照

球が泥だらけで
見分けがつかない

フェアウェイのぬかっている場所に落ちて跳ねた球が、泥まみれになっていて、自分の球かどうか識別できない。

この球
ボクの
かなぁ
〜!?

0 罰打 リプレースして プレーを続ける

マークして球を拾い上げて確かめる。それでも識別できないときは確認できる範囲で球をふくことができる。識別できたらリプレースし、プレーを続ける。マークしなかったり、必要以上に球をふくのは、1罰打になる。なお、他のプレーヤーを立ち会わせる必要はない。

規則 7.3・参照

SITUATION 49

ヘッドに貼ってあった
鉛が取れていた

球を打ってから、何気なくクラブヘッドを見たら、スタート前に貼ってあった鉛が跡形もなく消えていた。

あれ鉛がない!!

0 罰打 | そのまま プレーを続ける

偶然クラブヘッドから鉛が剥がれていたのだから、罰はない。また、剥がれた鉛を元の位置に貼り直しても違反にはならない。ただし、貼ってあった鉛を故意に剥がしたり、貼っていなかった鉛を貼って、クラブの性能を変更したりすると、違反となる。

規則 4.1a・参照

SITUATION 50

フェアウェイの球を
カラスが持っていった

フェアウェイに止まった球を、なんとカラスがくわえて持っていってしまった。こんなこともあるのかとあぜんとした。

0 罰打 | 球のあったと思われる地点にリプレースする

カラスは外的影響なので、球のあった地点にリプレースして、プレーを続ける。球があったと思われる箇所が正確にわからない場合は、その地点を推定して、その箇所にリプレースしてプレーを続ける。

規則 9.6・参照

岩に当たり割れた球を取り替えたい

> 球を打ったら左の山肌に出ている岩の尖ったところに当たり、フェアウェイに跳ね返ってきた。球を見ると大きく亀裂が入っていたので、取り替えてプレーしたい。

割れた球

0 罰打 　球のあった位置に別の球をリプレース

球が切れたり、ひびが入った場合は、無罰で取り替えることができる。球を拾い上げるときにはマークをし、同じ位置にリプレースして、プレーを続ける。カート道路でこすれた程度の傷では、取り替えは認められない。なお、マーカーの立ち会いは必要ない。

規則 4.2c・参照

紛失した球が
ホールインしていた

第2打を打ってグリーンに上がってみたら、球がいくら捜しても見当たらない。しかたがないので、元の位置に戻り別の球を打ってから、もう一度グリーンに上がりホールの中をのぞくと、初めの球が入っていた。

あっ
た!!

0 罰打 初めの球の
ホールインで
プレーは終了

球がホールに入ったときにそのホールのプレーは終わり、初めの球のホールインが認められる。この場合、別の球を打ったことに対する罰はない。

規則 6.5・参照

ドロップしたら
フェアウェイに止まった

カート道路上に止まった球を、ルールにした
がって救済エリアにドロップしたら、球は救
済エリアの中だがフェアウェイに止まった。

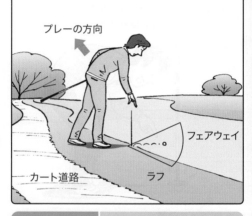

プレーの方向

フェアウェイ

カート道路　　　　　ラフ

0 罰打 | そのまま プレーを続ける

カート道路は動かせない障害物なので、その救済が
受けられる。まずルールにしたがって完全な救済の
ニヤレストポイントを決める。その地点から救済エ
リア内にドロップするが、処置（38〜39ページ）
が正確であれば、その位置がフェアウェイであって
も、なんら差し支えない。

規則 14.3・参照

SITUATION 54

ラフに沈んだ球を
草を分けて確認した

深いラフに飛んだ球がラフの中に沈んで止まり、自分の球かどうか分からないので、草を分けて球の確認をした。

0 罰打　そのまま プレーを続ける

球を確認するために必要な限度内で草に触れることはできる。ただし、草を押しつけたり、むしったりしてストロークに影響を及ぼす状態が改善されてしまうと、2罰打になる場合がある。

規則 7.1　8.1a・参照

球が排水溝の
ふたの上に止まった

右のラフへ球を打ち込んだので、球を捜しに
いったら、排水溝のふたの上に球が止まって
いた。

動かしても
いいのかな〜!?

0 罰打 | ドロップして プレーを続ける

排水溝のふたは動かせる障害ではあるが、スイング
やスタンスが動かせない障害物にもかかるため、救
済のニアレストポイントを決め、救済エリア内にド
ロップしてプレーを続ける。

規則 16.1・参照

動物の土盛りが
スタンスの邪魔になる

ラフに飛んだ球を見にいったら、動物が掘り起こした土盛りの近くにあって、スタンスがその土盛りにかかってしまう。

スタンスの邪魔になる土盛り

0 罰打 | ドロップして
プレーを続ける

動物が掘り起こした土盛りは異常なコース状態なので、修理地などと同じように、救済が受けられる（34〜35ページ）。

規則16.1・参照

SITUATION 57

打ち直しに戻りかけたら球が見つかった

ラフに打ち込んだ球がすこし捜しても見つからないので、球の紛失を宣言して別の球を打ちに元の場所に戻りかけたら、キャディーが球を見つけてくれた。捜し始めてからまだ3分経過していなかった。

> 球あったわよ～!!

0 罰打 | 見つかった球でプレーを続ける

球を捜し始めてから3分以内であれば、見つかった球（正球）で、プレーを続ける。捜索時間が終わった後でも、球の確認のための合理的な時間として1分間は認められている。

規則 18.2a・参照

SITUATION **58**

他のプレーヤーの球より
近かったが先に打った

ティーショットして止まった球が、グリーン
まで他のプレーヤーの球よりすこし近かった
が、先に第2打を打った。

0 罰打 | そのまま プレーを続ける

第2打からは球がホールから遠い順に打つべきだが、
順番を間違えても罰はない。また、時間節約のため
複数のプレーヤーの同意の下、安全を間違いなく確
保できる方法で、違う順番でのプレー（レディーゴ
ルフ）が認められ、推奨される。

規則 5.6b⑵　6.4b・参照

SITUATION **59**

2つの球が近接して邪魔になる

ティーショットを終えた2人の球が近接してフェアウェイで止まり、他のプレーヤーの球が邪魔になる。

0 罰打 マークして拾い上げてから球を打つ

プレーするのに邪魔になる球は、必ずマークした上で拾い上げてもらうことができる。マークを怠ると1罰打になる。拾い上げた球はリプレースする。この場合、拾い上げた球はふくことができないので注意する。

規則 14.1a　15.3b・参照

拾い上げたら
他のプレーヤーの球だった

ラフに入った球を捜しにいったら、自分の球
の他にもう1個球があったので、紛失球と思
い拾い上げたら、他のプレーヤーの球だった。

0 罰打 | リプレースして プレーを続ける

他のプレーヤーに対して競技者は外的影響に当たる
ので、球を拾い上げても罰はなく、元の位置に他の
プレーヤーの球を置いて(リプレース)、プレーを
続ける。

規則 9.6・参照

ペナルティーエリアの標示杭に球が接して打てない

池の方向に飛んだ球が、ペナルティーエリアの標示杭のコース側に接して止まり、プレーの邪魔になる。

ペナルティー
エリア
標示杭

0 罰打 そのまま プレーを続ける

ペナルティーエリアの標示杭は簡単に抜ければ動かせる障害物なので、抜いてもよい。その際に球が動いても無罰でリプレースできる。杭が簡単に抜けない場合は、動かせない障害物だが、球がペナルティーエリア内にあるので、動かせない障害物からの救済は受けられない。あるがままでプレー（無罰）するか、ペナルティーエリアの処置（1 罰打）をとる。

規則 15.2a　17.1・参照

邪魔になる小枝を
絡ませて打った

> 第1打が林の中に入ってしまい、球の所で素振りをしたら、小枝が邪魔になったので、他の枝に絡ませて球を打った。

2 罰打 | そのまま プレーを続ける

小枝を折ったり、曲げたり、他の枝に絡ませたりすると、意図的にストロークに影響を及ぼす状態を改善したことになって、違反になる。例外として、スタンスをとるときに体に当たる小枝や若木を、結果的に押しやることになっても、違反にはならない。

規則 8.1a・参照

支柱のある根に
球が挟まれて打てない

球がフェアウェイの左側にある樹木の根の割れ目に入ってしまい打てない。しかし、その木には支柱（動かせない障害物）が立てられていた。

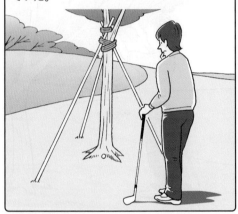

1 罰打　アンプレヤブルの処置をとりプレーを続ける

動かせない障害物（支柱）以外のもの（木の根）による障害のために、ストロークを行うことが明らかに無理な場合、その救済を受けることはできない。アンプレヤブルの処置（1罰打）をとるか、あるがままの状態でプレーを続けるしかない。

規則 16.1a⑶　19・参照

SITUATION **64**

球が木の枝に引っかかり確認できない

フェアウェイにある樹木の枝にティーショットした球が引っかかってしまい、自分の球かどうか確認できない。

1 罰打 ティーイングエリアに戻って打ち直す

枝に引っかかった球を3分ギリギリで見つけたものの、自分のものかどうか合理的な時間内の1分以内に確認できない場合は、その球は紛失したことになる。その球を打った元の位置（ティーイングエリアならティーアップできる）に戻って打ち直す。

規則 18.1　18.2a(1)・参照

他のプレーヤーと自分の
球が区別できない

フェアウェイに他のプレーヤーの球と自分の
球が並んで止まっていたが、どちらの球も同
じブランド、同じ番号なので、識別できない。

これじゃ〜
分からない
よ!?

1 罰打　球を打った
元の位置に戻り
打ち直す

自分の球か他のプレーヤーの球か、3分以内に識別
できない場合は、2つとも紛失球となる。2人とも
その球を打った元の位置に戻って打ち直す（ジェネ
ラルエリアとバンカーはドロップ）。このようなこ
とにならないよう、印をつけておくことを勧める。

規則 14.6　18.2・参照

枝の上に止まった自分の球が打てない

ちょうど目の高さぐらいにある枝の股に球が乗ってしまい、自分の球と確認できたが、その球を打つことができない。

どうやって
打つの!?

1 罰打 アンプレヤブルの処置をとりプレーを続ける

打つことができないのだから、アンプレヤブルにするしかない（アンプレヤブルの処置の項を参照—55ページ）。この場合、木の枝に止まっている球の真下の地面を基点として処置ができる。

規則 19.2・参照

確認できない球を
ゆすって落とした

木の枝に止まっている球が自分のものかどう
か識別できないので、木をゆすって球を落と
した。

ユス
ユス

落とし
ちゃえ!!

%1 罰打 リプレースするか
アンプレヤブル
にする

球の捜索中に木から落とすなど動かしたこと自体は
無罰。球を木の上にリプレースして無罰でプレーす
るか、1罰打でアンプレヤブルの救済を受ける。

規則 7.4　19.2・参照

SITUATION 68

球がアドレス後に ディボット跡に落ちた

フェアウェイでディボット跡に落ちそうになっている球にアドレスしたら、クラブが球に触れてしまいディボット跡に落ちた。

球が落ちた!!

コロッ

1 罰打 リプレースして プレーを続ける

プレーヤーが球の動く原因となっていれば、1罰打付加し、球を元の位置に戻して置き（リプレース）、プレーを続ける。リプレースしないでそのまま球を打つと、2罰打となる。もしも球が動いたのがプレーヤーによってではなく、突風の影響などであれば罰はなく、球はそれによって動いた場所からプレーする。

規則9.4・参照

ラフでアドレスしたら球が沈んだ

深いラフの上に止まった球にアドレスして、クラブを芝の上に置いたら明らかにクラブを置いたことによって球が沈んだ。

ヤヤ

沈んだ球

1 罰打 リプレースしてプレーを続ける

球は前後左右ばかりではなく、上下にも動く。クラブを置いたことによって（プレーヤーが原因を作った）球が動いたのだから、1罰打付加しリプレースしてプレーを続ける。リプレースしても球が止まらない場合は、ホールに近づかず、最も近い場所（この事例では芝に沈んだ場所になるかもしれない）にリプレースする。　　　　　規則 9.2　9.4・参照

SITUATION **70**

素振りしたら 球が動いた

ショットの前に素振り（練習スイング）をしたら、クラブヘッドがわずかに球に触れ、球を動かしてしまった。

あれっ!?

ビュー

1 罰打　リプレースして プレーを続ける

止まっているインプレーの球を動かしたのだから、1罰打になり、球を元の位置に置いて（リプレース）、プレーを続ける。

定義　規則9.2　9.4・参照

SITUATION 71

芝に浮いた球を
2度打ちした

球が深いラフに浮いて止まっていた。やわらかく打ち出そうとしたら、2度打ちになってしまった。

0 罰打 | 球の止まった所からプレーを続ける

1回のショットで2回以上クラブに当たったときも、1回のストロークとなるだけで、罰はない。

規則 10.1a・参照

他のプレーヤーの球を
打ってしまった

ラフに入ったのが見えたので、球のそばへいって確かめもせずにアドレスして打ったら、その球が他のプレーヤーの球だった。

この球
きみの
のだよ!!

2 罰打　改めて 自分の球（正球） でプレーする

自分の球ではない球を打ったのだから誤球のプレーとなり、2罰打付加して改めて自分の球を打つ。誤球をプレーしたストロークは数えない。訂正せずに次のホールのティーショットを打った（最終ホールではスコアカードを提出した）時点で失格になる。誤球された他のプレーヤーは罰なく、元の位置に球を置き（リプレース）、プレーを続ける。

規則 6.3c・参照

SITUATION 73

他のプレーヤーの球を打ち OBになった

フェアウェイからのショット（第2打目）が OBになってしまった。しかし、自分の球は 打った球の少し先にあり、他のプレーヤーの 球を間違えて打ってしまった。

2 罰打 改めて 自分の球（正球） でプレーする

誤球のプレーにつき罰打（2罰打）がつき、誤球を 打ったストローク数は加えないので、OBの罰はつ かない。改めて自分の球（正球）を第4打目として 打ち直し、プレーを続ける。間違われた他のプレー ヤーは、元の位置にリプレースしてプレーを続ける （球は別の球でも構わない）。

規則 6.3c・参照

132

球の後ろの芝を
踏みつけてから打った

フェアウェイに止まった球の後ろに、刈り残された長い芝があって打ちづらかったので、その芝を踏みつけてから球を打った。

この長い芝がじゃまだな〜

2 罰打 | そのままプレーを続ける

「コースはあるがままにプレー」するのが大原則。ストロークに影響を及ぼす状態を改善したのだから、当然ペナルティーがつく。球の後ろの芝をクラブヘッドなどで押さえつけても「改善」になる。2罰打つけてプレーを続行する。

規則 8.1a・参照

SITUATION 75

初めの球を放棄し 暫定球でプレーを続けた

打った球が紛失球になりそうなので暫定球を
打ってから初めの球を捜したが、木の根に止
まって打てる状態ではなかったので、暫定球
でプレーを続けた。

こっちの球
を打とう!!

2 罰打 改めて元の球を プレーする

初めの球が見つかった時点で暫定球を放棄しなけれ
ばならないのに、暫定球を打ってしまったのだから、
誤球のプレーになる。改めて初めの球(元の球)を
プレーしなければならない。誤りを訂正せずに次の
ホールでティーショットを打ってしまう(最終ホー
ルではスコアカードを提出する)と、失格になる。

規則 6.3c　18.3c (3)・参照

誤球に気づきもう一度
打ったがまた誤球だった

ラフに沈んだ球を打ち、フェアウェイに出た
所までいってみたら誤球だった。もう一度球
を捜し、見つけた球を打ったが、また自分の
球ではなかった。

4 罰打 改めて 自分の球（正球）でプレーする

初めの誤球と2回目の誤球は関連しない別々の行為
である。そのためこのようなケースは、初めの誤球
の2罰打と、2回目の誤球の2罰打が加算されるこ
とになっている。

規則 1.3　6.3c・参照

芝を踏みならした 場所にドロップした

動かせない障害物からの救済で、ドロップする場所の芝をあらかじめ踏みつけてならしてから、球をドロップした。

ならしてからドロップしよう!!

カート道路

2 罰打 | ドロップした球で プレーを続ける

ドロップする箇所をスパイクで踏んでならしたり、バラバラの土や砂を取り除いたりするとストロークに影響を及ぼす状態が改善されるため、罰がつく。2罰打付加し、ドロップした球でプレーを続ける。

規則 8.1・参照

SITUATION 78

球のある急斜面で足場を作り打った

ラフに打ち込んだ球が急斜面に止まっていたので、スタンスをとる足場をよくするため、スパイクで芝を何度も踏みつけてへこまし、アドレスして球を打った。

2 罰打 | そのままプレーを続ける

スタンスする場所が不安定だからといって、スパイクで踏みならして平らにしたり、穴を掘ったり、石や空き缶などを持ってきて「スタンスの場所」を作ってはならない。

規則 8.1・参照

SITUATION 79

暫定球を打ってから
初めの球が見つかった

初めの球があると思われる地域を捜したが、どうしても見つからなかったので、それより飛んでいた暫定球を打ったら、さらにその前に初めの球があった。

> あれ!? こんな所にあった!?

1罰打　そのままプレーを続ける

初めの球（正球）があると思われる場所よりもホールに近い地点から暫定球を打つとインプレーの球となり、初めの球は実際にあったところに関係なく、紛失球となる。

規則 18.3c・参照

SITUATION **80**

共用カートに当たり
フェアウェイに出た

> ラフの中に止まっていた共用カートに球が当たり、フェアウェイに出てきて止まった。

0 罰打 | 球の止まった所からプレーを続ける

共用カートやキャディー、用具に偶然当たって球の方向が変えられても、罰はなく、球の止まった所からプレーを続ける。

規則 11.1a・参照

SITUATION 81

林の中で打った球が自分に当たった

球が林の中に入ったので、木と木の間からフェアウェイに出そうとして打ったら球が木に当たって跳ね返り、自分に当たってしまった。

0罰打

球の止まった所からプレーを続ける

プレーヤーの打った球がプレーヤー自身や自分のキャディー、用具に当たって方向を変えられたり止められたりしても、罰はない。球が止まった所からプレーを続ける。

規則 11.1a・参照

SITUATION 82

初めの球が見当たらず
2罰打でドロップした

林の奥に飛び込んだ球がいくら捜しても見つからない。やむをえず球のなくなったと思われる地点にドロップして、2罰打付加し球を打った。

ないなぁ〜!?

ドロップして打とう!!

3 罰打 球を打った元の位置に戻り打ち直す

3分間球を捜しても見つからないときは紛失球（1罰打）になり、元の位置に戻って打ち直さなければならない。元に戻らずに打ってしまった場合、誤所からのプレーの重大な違反となる可能性がある。

規則14.7　18.2b・参照

SITUATION 83

邪魔なOB杭を抜いて球を打った

OB方向に飛んだ球がOB杭（白杭）のインバウンズ側に止まっていた。セーフとほっとしたのもつかの間、今度は白杭が邪魔して打てない。白杭を抜いて球を打った。

OB杭

2 罰打 | 球の止まった所からプレーを続ける

OB杭（白杭）は動かすことはできないため2罰打になる。ただし、球を打つ前に抜いた白杭を元に戻した場合は、罰を免れる。

規則 8.1a　8.1c・参照

SITUATION 84

球が自動車に当たり
OBになった

打った球がコース内を走る自動車に当たって
跳ね返り、運悪くOB区域に入ってしまった。

1 罰打　球を打った元の位置に戻り打ち直す

外的影響（自動車）によって、偶然に方向を変えられた球は、球の止まった所からプレーしなければならない。したがって球がOBになったら、OBの処置をとることになる。

規則 11.1・参照

SITUATION 85

ラフで捜索中に
自分の球を蹴った

球が深いラフに入ったので、球を捜していたら、自分の球を誤って蹴ってしまった。

あっ!?

0 罰打 | リプレースしてプレーを続ける

止まっているインプレーの自分の球を、捜索中に偶然蹴飛ばしたり踏んだりして動かしても罰はなく、球を元の箇所にリプレースし、プレーを続ける。もし動かした球が他のプレーヤーのものでも、罰はなく、リプレースしてプレーを続ける。

規則 7.4・参照

泥んこの球を
拾い上げてふいた

前日の雨でコース全体が湿っていて、ベアグラウンド（裸地）で弾んで転がり、ラフに止まった球が泥だらけになっていたので、拾い上げてふいた。

1 罰打 リプレースして
プレーを続ける

仮に泥だらけであっても止まっているインプレーの自分の球を勝手に拾い上げると1罰打付加となる。リプレースしてプレーを続ける。

規則14.1c・参照

SITUATION 87

バックスイングしたら
小枝が折れた

林の中で木と木の間を抜こうとしてバックスイングしたらヘッドが木の枝に当たり、枝が折れてしまったので、スイングもそこで止めてしまった。

2 罰打 そのまま プレーを続ける

ストロークに影響を及ぼす状態が改善されてしまう場合、罰がつく（枝が折れてもスイングを止めずにそのまま球を打ってしまえば無罰）。

規則 8.1・参照

SITUATION 88

救済でドロップしたら目の前が草の山だった

球が「他へ動かすために積み上げられている」刈り取られた草の山にあったので、修理地と見なし、ルールにしたがってドロップしたら、その草の山が目の前にあってプレーの線の妨げとなり（ストロークした球が草の山に当たるため）、打てない。

どうする!?

0 罰打 草の山を取り除いてプレーを続ける

刈り取られた草はルースインペディメントでもあるから、無罰で取り除ける。後で移動するために積まれた草の山は「修理地」でも、「ルースインペディメント」でもある。

定義 規則 15.1a・参照

障害物からの救済で
3回もドロップした

動かせない障害物からの救済でドロップしたら、救済エリアから出てしまったので再ドロップすると、また同じような所へ転がってしまった。そこでもう一度ドロップしてしまった。

あっまただ!!

0 罰打　プレースして
プレーを続ける

プレースすべきところをドロップしてしまったのだから、球を打つ前に拾い上げて、2回目にドロップしたときに最初に地面に落ちた地点にプレースすれば罰はつかない。プレースしないで打ってしまうと、救済エリア内からプレーしていたら1罰打、救済エリア外からプレーしていたら2罰打となる。

規則14.3・参照

SITUATION 90

救済でドロップした球が足に当たった

カート道路に止まった球を、動かせない障害物からの救済で、ルールにしたがい、ドロップしたところ、自分の足に当たってしまった。

あれ!?

0 罰打 そのままプレーを続ける

ドロップした球が地面に落ちた後で止まる前に、プレーヤーの体、プレーヤーのキャディーや携帯品に触れたかどうかに関係なく、球が救済エリアに止まった場合は、その球をあるがままにプレーしなければならない。

規則 14.3c・参照

SITUATION 91

くい込んだ球でドロップしたら球がバンカーへ落ちた

バンカーのわきのラフでドロップした球が、転がってバンカーに落ちた。

止まらないよ!!

0 罰打 | ルールにしたがい再ドロップする

ラフでのドロップのため、ジェネラルエリアに止まる必要がある。バンカーに落ちてしまう場合は再ドロップし、それでもバンカーに入る場合は、2回目のドロップで地面に落ちた箇所にプレースしなければならない。

規則 16.3・参照

ドロップした球が
地面にくい込んだ

雨で柔らかくなっているフェアウェイで球が
地面にくい込んでいたので、球を拾い上げド
ロップしたが、また地面にくい込んだ。

地面にくい込んだ球

0 罰打 | そのまま プレーを続ける

ジェネラルエリアで球が地面にくい込んだときは無
罰で救済が受けられる。しかしドロップの結果球が
くい込んでも救済は受けられない。

規則 16.3・参照

SITUATION 93

OB側にスタンスして球を打った

OBラインぎりぎりに球が止まり、スタンスする位置がOB側になってしまったが、そのまま球を打ってプレーを続けた。

白杭のコース側を結んだOBライン

コース側　　OB杭　　OB側

0 罰打　そのままプレーを続ける

OBかどうかを決めるのは球の位置で、プレーヤーの位置は関係ない。したがって、インバウンズ（コース内）にある球をプレーヤーはOB側に立って打つことができる。ティーイングエリアでティーアップがティーイングエリアにあれば、スタンスがティーイングエリア外に出ていてもよいのと同じ。

規則 18.2a・参照

抜かれたOB杭に
球が接して止まった

ティーショットがOB方向に飛んだので走っ
て捜しにいったら、抜かれてインバウンズ（コ
ース内）に放置されているOB杭に球が接し
て止まっていた。

抜かれた白杭

OB側

OB杭

0 罰打　OB杭を除いて
プレーを続ける

OB杭があるべきところになく、放置してあるのだ
から、動かせる障害物となり、OB杭を取り除いて、
プレーを続けることができる。

規則 15.2・参照

153

SITUATION 95

暫定球と思って打ったら
紛失球だった

暫定球を打ち、初めの球より飛ばなかったので、続けて暫定球を打った。しかし、その球はコースに放置してある球だった。ただ、初めの球がその前にあったので、暫定球を放棄し初めの球でプレーを続けた。

あれっこれは!?

OB杭

初めの球

2 罰打 そのまま プレーを続ける

ロストボールを打ったのだから、誤球のプレーになる。暫定球に直接関連した罰（たとえばアドレス後に暫定球が動いたときの1罰打）は暫定球を放棄したときに取り消しになるが、誤球のプレーは取り消しにはならない。

規則 6.3c・参照

ペナルティーエリアの上の木に球が止まった

打った球がフェアウェイからペナルティーエリアの上にまでせり出している木の枝の上に止まってしまった。

ペナルティーエリア

1 罰打 ルールにしたがいドロップする

ペナルティーエリアの区域は上方に及ぶので、ペナルティーエリアの球となり、ペナルティーエリアの処置をとることができる。その場合は1罰打となる。

定義 規則17・参照

SITUATION 97

「やはり6番だった」と 他のプレーヤーに言った

球を打ってから、球がほぼ同じ距離にある他のプレーヤーに「ここは1番手上げて6番にすべきだった」と、クラブ選択について示唆を与えるようなことを言ってしまった。

2 罰打 そのまま プレーを続ける

つぶやくようにたまたま言ったのであれば罰はないが、球がほぼ同じ位置にある他のプレーヤーに向けてはっきり分かるように言ったのだから、アドバイスしたことになり、違反となる。

規則 10.2・参照

隣のホールからの
球を打ち返した

隣のホールから打ち込まれたらしい球（紛失球）があったので、隣のホールのプレーヤーに声をかけたら、球を投げて返せと言うので、ショートアイアンで打ち返してあげた。

0 罰打 | そのまま プレーを続ける

この場合の行為は好意によるものと解釈でき、練習ストロークにはあたらない。無罰でそのままプレーを続けられる。

規則 5.5a・参照

練習場の球を
練習場に打ち返した

プレーしているホールの隣が練習場になっていて、コース内に赤線の入った練習用の球があったので、練習場に向けて打ち返してあげた。

練習場

0 罰打 | そのまま プレーを続ける

プレー中に練習場から飛んできた球を打ち返すのは、たんにコースをきちんとしておくことが目的なので罰がない。

規則 5.5a・参照

SITUATION 100

スイングを始めるときに
球が動いたが打った

バックスイングを始めるときにヘッドが球に
触れて動いてしまったが、始めたスイングを
止めることができず、そのまま打ってしまっ
た。

わっ！
球が
動いた

コロ…

1 罰打 そのまま プレーを続ける

プレーヤーが球を動かしたことによる罰（1罰打）
を受ける。

規則 9.1b　9.4a・参照

SITUATION 101

動いている球を
そのまま打った

バックスイングを始めたら突風が吹き球が動き出したが、そのまま打ってしまった。

あれっ!?
打っちゃえ〜!!

0罰打 | そのまま プレーを続ける

球が動いている間は打ってはならない（2罰打）が、止まっていた球がバックスイングを始めた後に動き出した場合、球が動いた原因がプレーヤーになければ罰はなく、そのままプレーしていい。スイングを途中で止めた場合は無罰で、球が動いた新しい位置でプレーする。

規則 9.1b　9.3・参照

アドレス後に球が動き
OBになった

OBの近くのラフの斜面で球の後ろにクラブ
を置いたのが原因で球が動き出して、OB区
域へ出てしまった。

白杭のコース
側を結んだ
OBライン

コース側

白杭

OB側

| 1 罰打 | リプレースして
プレーを続ける |

プレーヤーが原因で球が動いた場合は、1罰打でリ
プレースしてプレーを続ける。OBではないのでそ
の罰はない。しかし、自然の力や動力などによって、
球が動いてOBに止まった場合はOBとなる。

規則 9.3 9.4・参照

キャディーが
他のプレーヤーの球を蹴った

ラフに入った球を捜していた自分のキャディーが、誤って他のプレーヤーの球を蹴ってしまった。

他のプレーヤーの球

0 罰打 リプレースして プレーを続ける

プレーヤー、他のプレーヤー、他の誰かが球を偶然に動かしたとしても罰はなく、動かされた球は元の位置に戻して置き（リプレース）、プレーを続ける。

規則 7.4・参照

SITUATION 104

キャディーが自分の球を拾い上げた

ラフで球を捜していた共用のキャディー（自分のキャディー）がロストボールだと思って拾い上げたら、自分の球だった。

1 罰打　リプレースしてプレーを続ける

インプレーの球は規則で許されている場合を除いて、拾い上げると1罰打になる。球を元の位置に戻して置き（リプレース）、プレーを続ける。

規則 9.4・参照

SITUATION 105

共用カートで
自分の球を動かした

カートが邪魔だったので、そのカートを動かしていたら、誤って自分の球を動かしてしまった。

あっ
動いた!!

1 罰打 | リプレースして
プレーを続ける

共用のカートをプレーヤーが自分で動かして球を動かしたのだから、1罰打になり、球は元の位置に戻して置き（リプレース）、プレーを続ける。

規則 9.4・参照

SITUATION 106

プレー中に球を
取り替えてプレーした

プレー中に自分の球と他のプレーヤーの球が
同じ銘柄・番号だったので、球を拾い上げ、
分かりやすいように別の球でプレーを続けた。

> 球を
> 取り替えよう!!

罰打 1 取り替えた球で
プレーをする

インプレーの球を理由もなく拾い上げたことに対する罰は重課されず、規則上取り替えられない球を取り替えストロークしたことに対し1打の罰を受ける。

規則 6.3b・参照

SITUATION 107

スタンスの場所を
作ったが改めた

木の枝の上に球が止まってしまい打てないの
で、カートの上に立って打とうとしたが、ス
トロークする前にスタンスの場所を作ってい
ることに気づき、カートをどかしてプレーを
続けた。

こうしては
いけない
のかな!?

0 罰打 | カートをどけて
プレーすれば
罰はない

石やカートなどを使ってスタンスの場所を作っても、
ストロークする前にそれらを取り除いたときには
罰がつかない（カートに乗ったまま打つと2罰打）。
しかし、地面の状態を変形させてスタンスの場所を
作ったときには、改善した状態を復元することが不
可能なので2罰打となる。

規則 8.1c・参照

引き戻したクラブが
球に当たった

第2打を空振りしてしまい、クラブを後ろへ引き戻したら、クラブヘッドの背面が球に当たり、球を動かしてしまった。

あれ!?
当たっちゃった!!

1 罰打 リプレースしてプレーを続ける

インプレーの球を動かしたので1罰打となるが、空振りの1打が加わり2打となる。球はリプレースして、プレーを続ける。次打は4打目となる。

規則 9.4・参照

SITUATION 109

左打ちで救済を受け 右打ちでプレーを続けた

打とうとしたら木が邪魔になりスイングできそうにない。そこで左で打ってフェアウェイに出そうとしたら、スタンスが動かせない障害物にかかってしまったので、その救済を受けると、今度は右で打てるので、右打ちでそのままプレーを続けた。

左打ちにすると
カート道路にかかる。

0 罰打 そのまま プレーを続ける

この場合、左打ちが妥当と考えられるので、動かせない障害物による救済が受けられる。その救済を受けた結果、右打ちができるようになって右打ちしても差し支えない。そのままプレーを続けられる。

規則 16.1a・参照

SITUATION **110**

救済を受けると
打てないので元に戻した

修理地からの救済を受けるため球を拾い上げたが、規則に基づいてドロップする場所が球の打ちようのない（アンプレヤブルにするしかない）所なので、球を元の位置に戻して置き、プレーを続けた。

修理地

1 罰打 | そのまま プレーを続ける

修理地からの救済を受けるために球を拾い上げることはできるが、その救済を受けないのならば球を拾い上げることができなかったことになる。球を元に戻したとしても、許されていない状況で球を拾い上げたことになり、1罰打。そのままプレーを続ける。

規則 9.4b・参照

SITUATION 111

球を打った後に芝を戻したらOBだった

球を打った後に、切り取った芝を元に戻して踏みつけたら、打った球がOBになってしまい、芝を踏みつけた場所の近くにドロップしてプレーを続けた。

0罰打 そのままプレーを続ける

ドロップ（リプレースやプレースの場合も同じ）する場所の不整を修復（改善）することは禁じられているが、切り取った芝を元に戻した時点で、その場所にドロップするようになることを知らなかったので、罰はない。しかし、OBの1罰打はつく。

規則8.1・参照

SITUATION 112

プレースした球が
止まらない

動かせない障害物からの救済でドロップした
が2度とも球が救済エリアの外に転がってし
まったので、プレースした。ところが球は停
止せずに、同じように転がってしまった。

あっ！
また転
がった！！

0 罰打　停止する最も近い箇所にリプレースする

再ドロップして球が落下した地点にプレースしても
球が止まらない場合は、リプレースする。それでも
球が止まらなかったときには、ホールに近づかず、
ジェネラルエリアで球が停止する最も近い箇所にリ
プレースしなければならない。

規則 14.2e・参照

SITUATION 113

距離を計測する
電子機器を使った

> ホール攻略の正確性を高めようとして、ホールまでの残り距離を計測する電子機器を使ってプレーした。

えーとホールまでの距離は・・・

0 罰打

そのまま
プレーを続ける

距離を計測する機器は使用することが認められる。ただし、ローカルルールで使用を禁止することもできる。また、機器が2点間の距離測定以外（高低差など）の機能を持っているものは、その機能を使用していない場合に限られる。違反した場合は、最初は2罰打、2回目は失格となる。

規則 4.3a・参照

アンプレヤブルのドロップで球が元の位置に戻った

木の根が邪魔してストロークできないので、アンプレヤブルを宣言し、2クラブレングス以内の処置を選び、ドロップしたら、球が元の位置に転がって再び打てなくなった。

あれ!?

1 罰打　再度アンプレヤブルの処置をとる

ドロップした球が救済エリアの外に出てしまった場合は、やり直さなければならないが、そうでない場合はドロップしたときにその球はインプレーとなっている。そのため、球が止まった場所からプレーを続けなければならない。もう一度アンプレヤブルの処置をとるのであれば、1罰打をさらに加えなければならない。

規則 19.2・参照

SITUATION 115

樹木の支柱からの救済で
ドロップしたら元の位置に

樹木の支柱が邪魔で打てなかった。救済エリア内にドロップしたら、同じ場所に戻ってしまった。

あれ!?

0 罰打 | 再度ドロップして プレーを続ける

救済エリアに止まったときにプレーヤーは救済を完了したことになる。救済のエリア外に転がり、同じ場所に戻って止まったときは、再ドロップしなければならない。無罰。再ドロップしてもまた同じ場合は、再ドロップの際に球が最初に地面に落ちた箇所に球をプレースする。

規則 14.3c・参照

SITUATION 116

球の確認のために
キャディーが拾い上げた

球を捜していた自分のキャディーが、ラフの中に埋まっていた球をマークして拾い上げ、自分の球であることを確認した。

> お客さんのと違う!?

> 私の!?

1 罰打 | リプレースして プレーを続ける

プレーヤーはどこでも自分の球かどうか確かめるためにその球を拾い上げることはできるが、キャディーはプレーヤーの承認なしにはできない。球をリプレースしてプレーを続ける。

規則 10.3b・参照

ドロップした球が
自分のではなかった

深いラフの木のそばにあって、とても打てそうにない球を自分のものと思いこみ、確認もせずにアンプレヤブルを宣言して、その処置をとりドロップしたところ、自分の球ではなかった（誤球）。

0 罰打 | 正球を捜して プレーを続ける

ストロークしていないので、罰はない。改めて正球（自分の球）を捜し出し、プレーを続けなければならない。拾い上げられた球は元に戻しておく。

規則 6.3c・参照

空き缶に寄りかかった
球をドロップした

フェアウェイに打った球が空き缶に寄りかかっていたので、その障害を避けて、球を拾い上げドロップしてしまった。

空き缶

1/2 罰打 リプレースしたら 1罰打、そのまま プレーしたら2罰打

空き缶は「動かせる障害物」なので、それを取り除いてプレーすれば無罰だが、球を拾い上げてドロップしたのだから、1罰打になる。球を元の位置に置き（リプレース）、空き缶を拾い上げてプレーを続ける。リプレースしないでプレーすると誤所から球をプレーしたことになり2罰打になる。

規則 9.4　14.7・参照

SITUATION 119

3分以上捜して見つかった球でプレーを続けた

自分の球を捜し始めて3分以上たっているのに捜し続け、ようやく捜し当てた球でプレーを続けた。

捜し始めてから3分以上たっている

あった〜!!

3分

3罰打　紛失球の処置をとり元の位置に戻りプレーする

球を捜すために許されている時間の3分間を過ぎた時点で、その球は紛失球（1罰打）になり、インプレーの球ではなくなる。その球を打つと誤球のプレーをしたことになって、2罰打となる。しかし、その球が自分の球であるかどうかを確認するために球のところに行くと、捜索時間の3分を超えてしまう場合がある。球の所まで行き確認するための時間は1分間である。

規則 6.3c　14.7　18.2・参照

空振りの後、
アンプレヤブルを宣言した

> ティーショットした球がフェアウェイの木の
> 根の間に止まっていたので、スイングしたら
> 空振りしてしまった。そこでアンプレヤブル
> を宣言して打ち直すことにしたが、ティーイ
> ングエリアには戻ることはできないか。

あれ!?

1 罰打 | 戻ることはできない。アンプレヤブルの処置をとる

その球を最後にプレーしたところは、ティーイング
エリアではなく、木の根元だから、ティーイングエ
リアには戻れない。空振りした場所からホールと球
を結んだ後方線上か、ホールに近づかないで2クラ
ブレングス以内の救済エリアにドロップする。

規則 19.2・参照

SITUATION 121

左打ちでヘッドの背面で球を打った

球が木の根元に止まり、右打ちでは打てない。しかたがないので左打ちでクラブヘッドの背面で球を打った。

左打ちだ!!

0 罰打 | そのままプレーを続ける

ルールでは「クラブヘッドで正しく球を打つ」ことを要求しているが、フェースで打たなければならないとは、規定していない。球を押し出したり、かき寄せたりしないで正しく打っていれば、罰はない。

規則 10.1a・参照

SITUATION 122

アンプレヤブルにせず
修理地の救済を受けた

とても打てそうもないライなのでアンプレヤブルを宣言したが、よく見ると球のある場所が修理地なので、修理地の救済を受けることにした。

0 罰打　修理地の処置をとりプレーを続ける

アンプレヤブルの宣言をして球を拾い上げたものの、球をドロップしてまだストロークをしていないので、罰なしで、修理地の救済を受けることができる。

規則 16.1　19.2・参照

樹木の支柱からの救済で誤所にドロップした

樹木の支柱からの救済を受け球を拾い上げ、ルールにしたがい定めた救済エリアよりホールに近いところにドロップしてプレーしてしまった。

2罰打 | そのままプレーを続ける

間違った場所にドロップしてプレーした場合は、誤所からのプレーとなり、2罰打が付加される。その罰を受ける場合、誤った方法で球をドロップした違反の追加の罰はないと規定されている。ちなみに、別の球に替えても元の球を使っても問題はない。

規則 14.3a　14.7　16.1・参照

SITUATION **124**

邪魔になるディボットを元に戻した

球が完全に切り取られていないディボットの前にあって、バックスイングの邪魔になり気になるので、ディボットを元に戻した。

邪魔だな～

2 罰打 | そのままプレーを続ける

完全に切り取られていないディボットは、ルースインペディメントではないので、これを元の位置に戻したり取り除くことは、ストロークに影響を及ぼす状態が改善されるため2罰打となる。

規則 8.1a・参照

リプレースの後に
修理地からの救済を受けた

修理地内で球を捜していて誤って自分の球を蹴ってしまい、慌ててリプレースしたが、やはり修理地の救済を受けることにして、修理地外にドロップした。

あっ!!

0 罰打　そのまま
プレーを続ける

修理地内の球を捜していて偶然動かしても罰はない。球をリプレースして救済を受けないでそのままプレーを続けることもできるし、修理地の救済の処置をとることもできる。

規則 7.4　16.1・参照

SITUATION **126**

距離を測ろうとして
球を動かした

動かせない障害物からの救済で球をドロップ
したら、救済エリアの外へ転がったようだっ
たので、その距離を測ろうとして、たまたま
球に触れてしまい動かしてしまった。

> あっ
> しまった!!

0 罰打 | 再ドロップか リプレースして プレーを続ける

1クラブレングスを測っていて球を動かしても罰は
ない。球が救済エリアの外へ出ていれば再ドロップ
し、救済エリア内なら動く前の位置に球をリプレー
スして、プレーを続ける。

規則 14.3　16.1・参照

SITUATION 127

空き缶が球を
ハザードに落とした

風に飛ばされてきた空き缶が止まっている球に当たって、その球がペナルティーエリアに入ってしまった。

0 罰打　リプレースして プレーを続ける

止まっている球が風で動いている空き缶（外的影響）に動かされたのだから、罰はない。球は元の位置にリプレースしてプレーを続ける。

規則 9.6・参照

間違って別の球で
ドロップした

動かせない障害物から救済を受けてドロップ
したが、間違って初めの球ではない別の球を
ドロップしてしまった。

あっ
間違って
しまった
!!

0 罰打　そのまま
プレーを続ける

プレーヤーは、ドロップの際に初めの球でも別の球
でも使うことができる。

規則 14.3a・参照

187

SITUATION 129

斜面での球が地面にくい込んだ

斜面に止まった球を上から打ち込んだら、球が地面にくい込んでしまい、打てなくなってしまった。

0/1 罰打 そのままプレーするかアンプレヤブルの処置をとる

球が落ちた際の勢いで作られた穴にくい込んでいるときは無罰で救済されるが、一度も空中を飛ばずにくい込んだ場合は救済は受けられない。そのまま打つかアンプレヤブルの処置をとるしか方法がない。

規則 16.3a (2)・参照

188

SITUATION 130

修理地の木の枝が
スイングの妨げになる

修理地の近くに止まった球をプレーするのに、修理地内に生えている木の枝がスイングの妨げになって打てない。

邪魔だな～

0罰打 修理地の処置をとりプレーを続ける

修理地内に生えている草やブッシュ、木などは修理地の一部。したがって、修理地に生えている木の枝は修理地の一部なので、それがスイングの妨げになれば、修理地からの救済が受けられる。

定義 規則16.1・参照

一時的な水たまりから
2度の救済を受けた

一時的な水たまりからの救済を受けて球をド
ロップしたら、別の一時的な水たまりの中に
止まってしまった。そこでもう一度一時的な
水たまりの救済を受け、球をドロップしてプ
レーを続けた。

あっ
また
入っ
ちゃっ
た！！

0 罰打 | そのまま
プレーを続ける

一時的な水たまり（異常なコース状態）からの救済
でドロップした球が別の一時的な水たまりの中に止
まったので、再ドロップの必要はなく、球はインプ
レーとなり、さらに別の一時的な水たまりの中に止
まったのだから、改めて一時的な水たまりの救済を
受けることができる。罰はない。

規則 16.1・参照

ルースインペディメントを取り除いた

再ドロップで球が救済エリアの外に転がったので、球をプレースしなければならない。そこでプレースする地点やその周りのルースインペディメントをあらかじめ取り除いた。

0 罰打 | そのままプレーを続ける

球をプレースする箇所の不整を直したりするとライの改善になり2罰打になるが、ルースインペディメントを取り除くことは罰にはならない。

規則 14.3c　15.1a・参照

SITUATION 133

目土をした所に
スタンスした

2打目を待っている間に、キャディーがプレーヤーの球の周りのディボット跡に目土をした。プレーヤーは2打目を打つときスタンスをとったら、ちょうど足がその目土の上になってしまったが、そのままスタンスをとってプレーした。

2 罰打　そのまま
プレーを続ける

スタンスの場所が改善されていれば、プレーヤーの責任になって、2罰打になる。

規則 8.1a・参照

SITUATION 134

障害物の中の球を
取り戻せない

球が排水用の土管の中に入ってしまい、自分の球があることは確認できたが、すぐには取り戻せない。

中に
入っちゃった!!

0 罰打 そのまま プレーを続ける

「動かせない障害物」からの救済を受けるときは、別の球に取り替えることができる。救済を受ける場合には、その球の最も近いところ（土管の入口か土管の上方）を基点にする。

規則 16.1b・参照

SITUATION 135

OB杭からの救済で
ドロップした

> OB杭のそばに止まっているインバウンズの
> 打ちようのない球を拾い上げ、動かせない障
> 害物の救済を受けてドロップした。

OB杭

1 罰打　リプレースしてプレーを続ける

OB杭は境界物であって障害物ではない。したがってOB杭からの救済は受けられない。インプレーの球を拾い上げた違反により1罰打となる。その球は元の位置にリプレースしなければならない。リプレースしないでドロップしたまま打ってしまうと、2罰打になる。

規則 9.4a　14.7・参照

枝についた水滴を
振り落としてアドレスした

雨のあとの林の中に球が入ったら、木の枝に
水滴がいっぱいついていた。バックスイング
で落ちてくる水滴が気になり、アドレスする
前に木の枝を両手でゆすって、水滴を振り落
とした。

2罰打 そのまま
プレーを続ける

打つ前にバックスイングで気になる木の枝についた
水滴を振り落とし取り除いたことが、ストロークに
影響を及ぼす状態を改善したことにあたり、2罰打
になる。

規則 8.1a・参照

SITUATION **137**

探しているときに蹴った球の正確な位置が分からない

打球が深いラフへ飛んだ。球を捜している時に自分の球を蹴ってしまった。元の位置が分からなかったので推定してドロップした後、プレーを続けた。

2 罰打 | そのままプレーを続ける

リプレースするための元の位置が分からない場合、その箇所を推定しリプレースしなければならない。ドロップしてプレーすると誤所からのプレーとなる。

規則 14.2・参照

SITUATION 138

距離標示杭を
抜いて打った

球が斜面にある距離標示杭のそばに止まって
しまって打てないので、杭を抜いて球を打っ
た。

0 罰打 | そのまま プレーを続ける

すぐに抜ける距離標示杭は「動かせる障害物」にな
り、抜いてプレーしてもよい。プレーの後、距離標
示杭は元に戻しておく。すぐに抜けない場合は「動
かせない障害物」となり、その救済を受けることが
できる。

規則 15.2　16.1・参照

SITUATION 139

ロストボールを ドロップした

球が深いラフで見つかったが、打てそうもない。アンプレヤブルを宣言してドロップしたら、その球はロストボールだった。

あれ違う球だ！！

0 罰打 初めの球を捜してプレーを続ける

初めの球が見つけられなければ、アンプレヤブルの処置もできない。まだドロップした球をプレーしていないので、規則に基づいてその球を放棄し初めの球を捜し出してプレーすれば、誤りを訂正でき罰はない。初めの球が見つからなければ、1罰打付加して紛失球の処置をとる。

規則 14.5　18.2・参照

ラフの球を
バンカーにドロップした

深いラフに球がもぐり込んで、とても打てそ
うにないので、アンプレヤブルの処置をとり、
バンカーにドロップした。

0 罰打 そのまま プレーを続ける

アンプレヤブルの1罰打はつくが、救済エリアはど
のコースエリアでもよいので、バンカー内にドロッ
プしても罰はない。元の球の箇所から2クラブレン
グス以内にコースエリアが複数ある場合、その球は
救済エリアにドロップしたとき、最初に触れたのと
同じエリアの救済エリアに止まらなければならない。
規則 19.2c・参照

ジェネラルエリア

SITUATION 141

カート道路にある球を
ドロップする際に取り替えた

球がカート道路に跳ねたあげくに、その上で
止まっていた。救済を受けてドロップする際
に、取り替えた。

0 罰打 | そのまま プレーを続ける

罰なしの救済を受ける場合も、無罰で球を替えるこ
とができる。

規則 14.3a・参照

SITUATION 142

レフェリーが間違った判定を示した

打球が前の組のカートに当たったので、レフェリーに相談したところ、罰なしで再プレーするよう裁定されたので、したがった。規則ではそのままプレーを続けていいはずだと次のホールのティーショット後に気がついた。

OK

0 罰打　そのままプレーを続ける

規則では、前の組のカートは外的影響。外的影響に球の動きを変えられても誰にも罰はなく、その球はあるがままの状態でプレーしなければならない。可能であれば規則に基づいてその裁定を訂正すべきだが、訂正をするには遅すぎる場合は、その間違った裁定が有効となる。そのためそのレフェリーの裁定にしたがったプレーは有効となる。

規則 20.2a　20.2d・参照

SITUATION 143

水のないペナルティーエリア から直接打った

ペナルティーエリアに球が入ったが、行ってみると池の水が涸れていて小さな水たまりになっている。球は幸い土の上にあったので、そのまま打ってプレーを続けた。

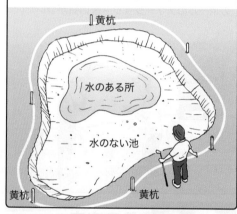

黄杭

水のある所

水のない池

黄杭　　　黄杭

0罰打 そのまま プレーを続ける

ペナルティーエリア内の球をそのまま打つことはできる。また、ジェネラルエリアにある球と同様にプレーすることができるので、地面にソールしたり、ルースインペディメントを取り除くことができる。

規則 17.1・参照

ペナルティーエリア

ペナルティーエリア外の水の中に球がある

ペナルティーエリアが増水して、縁を示す黄色杭より外にあふれ出た水の中に球があった。一時的な水たまりの救済を受けられるか？

あれ!?
水があふれてる!!

黄色杭

イエローペナルティーエリア

0罰打 一時的な水たまりの処置をとりプレーする

ペナルティーエリアの縁は黄色杭ではっきり示されているので、その区域外にあふれ出た水は「一時的な水たまり」になる。一時的な水たまりの処置（34～35ページ）をとり、プレーを続ける。

規則 16.1・参照

SITUATION 145

水中の球を打とうとしたら ソールが水面に触れた

ペナルティーエリアの中に球が行ったが、球のあるところは水深が浅く、球が半分潜っている程度だったので、打つ選択をした。スタンスをとり、構えようとしたらクラブヘッドが水面に触れてしまった。

あっ水面に触れちゃった!!

0 罰打　そのままプレーを続ける

ペナルティーエリアの中の球をあるがままにプレーする場合も、ジェネラルエリアにある球と同じ規則に基づいてプレーする。つまり、クラブが水面や水のない部分の地面、草などに触れても罰はない。ルースインペディメントを取り除くことにも罰はない。

規則 17.1・参照

SITUATION 146

球が池の先の土手に
当たって落ちた

グリーン手前にある池（イエローペナルティーエリア）越えのアプローチをしたら、球が対岸のペナルティーエリア外の斜面に当たって戻り、池に落ちた。

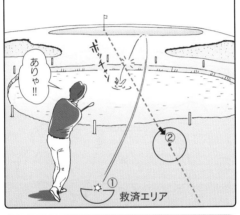

ボッチャン

ありゃ！！

② 救済エリア

① 救済エリア

1 罰打 | ドロップして プレーを続ける

イエローペナルティーエリアの処置をとることになるが、問題はドロップする位置だ。①その球を最後に打った所を基点とした救済エリアか、②その球がペナルティーエリアに入った箇所とホールとを結んだ、そのペナルティーエリアの後方線上の救済エリア（距離の制限はない）にするかを選ばなくてはならない。　　　　　　　　規則 17.1・参照

グリーン奥から
手前の池に落ちた

手前の池が気になり大きめのクラブで打ったら、球はグリーンオーバーしてラフに止まり、返しのアプローチで今度はグリーンの手前の池に落としてしまった。

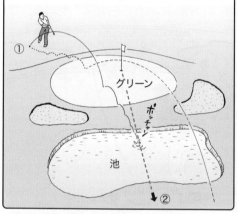

1 罰打 ドロップしてプレーを続ける

イエローペナルティーエリアの処置にしたがい、①その球を打った場所の救済エリアにドロップするか、②ペナルティーエリアに入った箇所とホールを結んだ、そのペナルティーエリアの後方線上に球をドロップし、その球が1クラブレングスの救済エリアに止まったらプレーする。

規則 17.1・参照

SITUATION 148

橋の上に球が
止まってしまった

池越えのパー3のホールで、ティーショット
をしたら、球が池に架かっている橋の上に止
まってしまった。

0/1 罰打 そのまま打つか、ドロップしてプレーを続ける

ペナルティーエリアの区域は垂直に上下にも及ぶの
で、池に架かる橋の上に止まった球はペナルティー
エリア内の球となる。橋は「動かせない障害物」だ
が、ペナルティーエリア内にある場合は救済が受け
られない。そのままプレーするか（クラブを橋にソ
ールできる）、できないときは、1罰打付加してペ
ナルティーエリアの処置をとることができる。

規則 17.1・参照

別の球を打ったら
初めの球が見つかった

第2打を池（ペナルティーエリア）に打ち込んだものと思い、その球を打った元の場所から別の球でプレーをしたら、初めの球が池のそばのラフで見つかった。

初めの球

1 罰打 | そのまま プレーを続ける

池に入ったと思って「ストロークと距離の罰」の処置をとった。その時点でドロップされた球がインプレーとなるため、初めの球が池の外で見つかったとしてもプレーすることはできない。

規則 18.1・参照

SITUATION **150**

球のそばにある 紙コップを取り除いた

球が池（ペナルティーエリア）に入ったらしい。球を捜しにいったら、ほとんど水のないところに止まっていたが、球のそばに紙コップがあったので取り除いた。

紙コップ ○

ペナルティーエリア

0 罰打 そのまま プレーを続ける

動かせる障害物（人工物）はペナルティーエリア内でも無罰で取り除くことができる。動かせる障害物には紙コップやビニール、空き缶、バンカーレーキ、ロープなどが含まれる（37ページ）。

規則 15.2・参照

球にかぶさっている
小枝を取り除いた

ペナルティーエリア内の水のない所に球があったが、その上に小枝がかぶさっていて邪魔なので取り除いた。

ペナルティーエリア

0 罰打 そのまま
プレーを続ける

ペナルティーエリア内にあるルースインペディメントは、ジェネラルエリアと同様取り除くことができる（無罰）。その際に球が動いたら1罰打となる。その球を元の箇所にリプレースする。

規則15.1・参照

SITUATION 152

OBの後、ペナルティーエリアの処置をとった

水のない池（ペナルティーエリア内）の中から直接球を打ったらOBになったので、今度はペナルティーエリアの処置をとった。

あ
れ
!?
！
O
B

ペナルティーエリア

2 罰打 | そのままプレーを続ける

OBなのでその処置をとり、1罰打。そのままペナルティーエリア内にドロップしてプレーすれば追加の罰はないが、ペナルティーエリアの処置をとったので、さらに1罰打が加わり、計2罰打となる。

規則 17.2b・参照

SITUATION 153

池の地面に埋まった 球を拾い上げた

水のないペナルティーエリアの地面に球が埋まっていて、自分の球かどうか確認できないので、球の位置にマークして、球を拾い上げたら、自分の球だった。

マークする

ペナルティーエリア

0 罰打 | リプレースして プレーを続ける

ペナルティーエリア内でも、球を確認するために拾い上げることができる。拾い上げた球は元の位置にリプレースしてプレーをするか、ペナルティーエリアの処置をする。

規則 7.3　17.1・参照

レッドペナルティーエリアと間違えた

グリーンの前を斜めに横切っている小川に球を打ち込み、てっきりレッドペナルティーエリアだと思い、球が最後にそのエリアの縁を横切った地点からラテラル救済を受けプレーした。

イエロー
ペナルティーエリア

正しい
救済エリア

3 罰打 そのままプレーを続ける

ペナルティーエリアの処置による1罰打に加え、誤所からのプレーとなり、2罰打を付加し、その球でホールアウトしなければならない。しかし、誤所からプレーしたことによってプレーヤーが大きな利益を得る恐れのある場合（重大な違反）は、訂正のプレーをしなければならない。もしプレーヤーが次のホールのティーショットを行う前に（最終ホールではスコアカード提出前に）その誤りを訂正しなかった場合、失格となる。　　　規則 14.7　17.1・参照

ペナルティーエリアの地面にアドレスした

球が水のほとんどないペナルティーエリアに入ったが、あるがままにプレーすることにして、クラブをその地面にソールしアドレスして、球を打った。

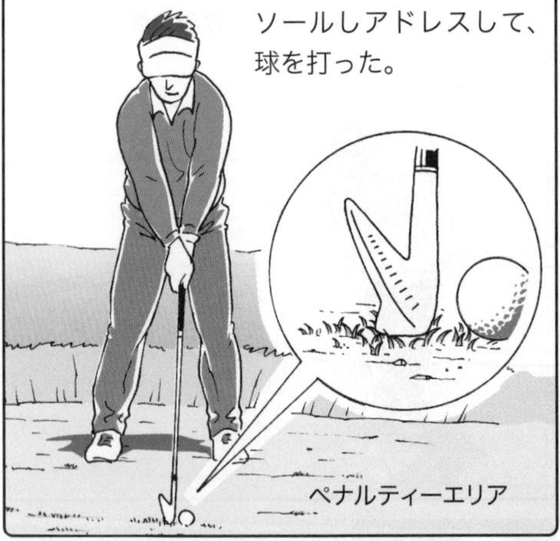

ペナルティーエリア

0 罰打 そのまま プレーを続ける

ペナルティーエリアでは草や樹木などの生長物に触れても罰はない。また、地面に触れたりソールしても罰はない。

規則 17.1・参照

ペナルティーエリア

ペナルティーエリアで
打ったらロストボールだった

水のないペナルティーエリアに球が入ったと
思い、確かめもせずそのまま球を打ったら、
ロストボールだった。

ペナルティーエリア

2 罰打 | 正球を捜し プレーする

ペナルティーエリア内でも誤球のプレーをすると2
罰打になる。改めく止しい球を捜してプレーする。

規則 6.3c・参照

SITUATION 157

ペナルティーエリアの救済でバンカーにドロップした

ペナルティーエリアからの救済を受けるとき、球がペナルティーエリアの縁を最後に横切ったと推定される地点とホールを結んだ後方線上にドロップする処置を選んだ。その結果バンカーにドロップした。

ペナルティーエリア

バンカー

0 罰打 そのままプレーを続ける

ペナルティーエリアの救済により1罰打となるが、ペナルティーエリアの縁を最後に横切った地点とホールを結ぶ後方線上の救済エリアにドロップする場合、バンカー内にドロップしても罰はない。

規則17.1・参照

SITUATION 158

水に流されている
球を打った

レッドペナルティーエリアの水に流されて動
いている球を打った。

レッドペナルティーエリア

0 罰打 そのまま
プレーを続ける

水中で動いている球は打つことができる。ただ、球
が流されてよい状況になるのを待ったりして、その
ためにプレーを遅延させてはならない。

規則 10.1d 例外 3・参照

ペナルティーエリアの斜面に止まった球を動かした

ペナルティーエリアの水の中に入ったと思った球が斜面の草むらに止まっていて、球を捜しているときに、たまたまその球に足が触れてしまい動かしてしまった。

あっ!?

ペナルティー
エリア

0 罰打 | リプレースしてプレーを続ける

球を捜しているときに、プレーヤーの球を偶然に動かしたとしても、罰はない。プレーヤーは動かした球をリプレースして、そのまま打つか、ペナルティーエリアの救済を受けることになる。

規則7.4　17.1・参照

SITUATION 160

他のプレーヤーの球を打ってしまった

2個の球がバンカーの同じような所へ入っていたので、球を確かめもせずに打ってしまったら、他のプレーヤーの球だった。

自分の球

2 罰打 | 改めて自分の球を打つ

バンカー内でも誤球のプレーをすると、2罰打になる。改めて自分の球（正球）を打ってプレーを続ける。誤球の持ち主は、初めのライの状態に戻し元の位置に球を置き（リプレース）、プレーを続ける。

規則 6.3c　14.2d・参照

SITUATION 161

バンカーの球の救済として
その外でドロップした

バンカーの中に球があったが、アゴが高くて
出そうになかったため、アンプレヤブルを選
び、バンカーの外にドロップした。

プレーの方向 ↓

2 罰打 ドロップして
プレーを続ける

バンカーでのアンプレヤブルの処置は①元の位置に
戻る（1罰打）、②ホールと球を結んだ延長線上の
バンカー内（1罰打）、③球の位置からホールに近
づかないで2クラブレングス以内（1罰打）と④ホ
ールと球を結んだ延長線上のバンカー外（2罰打）
がある。つまりこの場合は2罰打で救済を受けた正
しい処置。

規則 19.3・参照

バンカー

球にかかった砂を
取り除いた

同じバンカーに入っていた他のプレーヤーが
バンカーショットをしたら、砂が飛び散り、
自分の球にかかり、ライも変わったので、そ
の砂を取り除いてバンカーショットをした。

砂を取り除いて
から打とう

0 罰打	そのまま プレーを続ける

球にかかった砂や球のあるところの周りの砂は、無
罰でほぼ同じ状態になるまで取り除くことができる。
プレーヤーは自分の球が止まったときのライや球の
状態についての権利がある。

規則 8.1d・参照

バンカー

枯れ葉を取り除き
球を確認した

> バンカーに打ち込んだら、何枚か重なった枯れ葉の中に球が入ってしまい、どこに球があるのか分からないので、枯れ葉の一部を取り除いて捜したら、自分の球の一部が見えた。

バンカー内

O 罰打 | そのまま プレーを続ける

バンカー内にあるルースインペディメントは、取り除くことができる。ただし、自分の球を動かしてしまった場合、球の捜索中であれば無罰、そうでなければ1罰打で元の箇所にリプレースしなければならない。

規則 15.1・参照

バンカー

SITUATION 164

球に吸いがらが
かぶさっていた

バンカーに入った球に、風で飛ばされたのか、
数本のたばこの吸いがらがかぶさっていたの
で、それを取り除いてから打った。

0 罰打 | そのまま プレーを続ける

たばこの吸いがらや空き缶、発泡スチロールの器な
どコースに残された人工のものは「動かせる障害物」
(37ページ) だから、取り除いてプレーを続けるこ
とができる。その際、球が動いても無罰でリプレー
スできる。

規則 15.2・参照

SITUATION 165

クラブをバンカー内に
置いて打った

バンカーショットをするか、ランニングにするか判断がつかなかったので、クラブを2本持って入り、1本をバンカーの砂の上に置いてバンカーショットをした。

0 罰打 | そのまま プレーを続ける

バンカー内にクラブやバンカーレーキを置くことはできるので、そのままプレーは続けられる。ただし、砂の状態をテストしたりストロークに影響を及ぼす状態を改善したりすると違反（2罰打）となる。

規則 12.2b・参照

バンカー

バンカーレーキを取ったら
球がバンカーに落ちた

球がバンカーの外に置いてあるバンカーレーキに寄りかかっていたので、バンカーレーキを取り除いたら球がバンカーに転がり込んだ。

あれ!?
落ちた!!

0 罰打 | リプレースして プレーを続ける

バンカーレーキは動かせる障害物だから、当然取り除ける。そのとき球が動いたら、罰なしに球を元の位置に戻して置き（リプレース）、プレーを続けなくてはならない。

規則 15.2a・参照

SITUATION 167

全面水浸しのバンカーに 球が入った

グリーンわきのガードバンカーに球が入ったので、早足で見にいったら、なんとバンカー全体が水浸し（一時的な水たまり）になっていた。

全面水浸し のバンカー

0/1 罰打 球とホールを 結んだ後方線上 にドロップ

そのまま打つか、バンカー内で最大限の救済を受けられる場所にドロップすれば無罰だが、それが無理なら1罰打付加し、バンカーの外でホールと球を結んだ後方線上にドロップすることもできる。

規則16.1c・参照

足場を固めていたら
球が動いた

バンカーで足場を固めるため、スパイクを左
右に動かし砂に埋めていたら、スタンスをと
る前に球が動いてしまった。

球が動く

1 罰打 リプレースして プレーを続ける

スタンスをとろうとして砂を動かしたことが球を動
かす原因となっているため、1罰打となる。動いた
球は元の位置にリプレースし、プレーを続ける。

規則 9.4・参照

バンカー

SITUATION 169

バックスイングで
ヘッドが砂に触れた

球の後ろのバンカーの砂が少し高くなっていたので、バックスイングでクラブヘッドが砂に触れたが、そのまま打ってしまった。

砂の山

バンカー

---

2 罰打 そのまま プレーを続ける

バンカーではストロークのためにバックスイングを行うときに、クラブヘッドで砂に触れると違反となる。2罰打を加え、そのままプレーを続ける。

規則 12.2b・参照

バンカー

バンカーレーキを
砂に立てて置いた

バンカーショットの後で砂をならそうとして、バンカーレーキを持って入り、スイングの邪魔にならない所の砂に立ててから、球を打った。

ドン

0 罰打　| そのまま プレーを続ける

バンカーレーキを砂の上に置くことや放り入れることは許されているが、砂の情報を得るために突き刺すと砂のテストと見なされ2罰打になる。

規則 12.2b・参照

SITUATION 171

荒れていた場所を
打つ前にならした

自分の球がバンカーに入り、打つ準備をしに
バンカーに入った。他のプレーヤーのプレー
を待っている間に、バンカー内の砂に足跡が
ついていたのでならした。

0/2罰打 そのまま
プレーを続ける

コースの保護を目的とするなら、ストロークに影響
を及ぼす状態の改善や意図するスタンス・スイング
の区域、プレーの線の改善とならないことを条件と
して、いつでもバンカー内の砂や土をならすことが
できるため、罰はない。ただし、上記の改善に当た
る場合は、2罰打でそのままプレーを続ける。

規則 12.2b(2)・参照

SITUATION 172

砂をならすときに
小枝を動かした

自分の球がバンカーに入り、打つ前にコース
保護を目的として、荒れていた場所の砂をな
らしていたら、小枝を動かしてしまった。

あっ

コッン

0 罰打 | そのまま プレーを続ける

前ページで説明したようにライやスイングの区域な
どの改善とならないならば、コース保護を目的とし
て、打つ前にでも砂や土をならすことができる。こ
の「認められている行為」によって小枝=ルースイ
ンペディメントを動かしたとしても、それがライや
スタンス・スイングの区域、プレーの線の改善につ
ながっていないならば、違反とはならない。小枝も
戻す必要はない。　　　　　　　規則 12.2b (2)・参照

SITUATION 173

砂をならした所へ
球が後戻りした

バンカーショットをした後、ラフの斜面に球が止まったので、砂をならしていたら、球が後戻りしてきて、バンカーに転がり落ちた。

あれ!?
落ちてくるよ

0 罰打 | 球の止まった所からプレーを続ける

球をバンカーから脱出させ、球がバンカー外にある間に砂をならし、その後で球がならした場所に転がり戻っても、何ら罰はない。しかし、転がり戻った後でもバンカーをならし続けていれば、2罰打になるケースもある。

規則 12.2b (3)・参照

自分の球を確認するため
拾い上げた

バンカーに飛び込んだ球が砂にめり込んで、
自分の球かどうか識別できないので、マーク
して球を拾い上げて確認した。

砂にめり込んだ球を拾い上げる

0 罰打 リプレースして プレーを続ける

コース内のどこでも自分の球かどうかを確かめるた
めに、プレーヤーは球の位置をマークし、球を拾い
上げることができる。ただし、球を確認するのに必
要とする以上はふいてはならない。自分の球を確認
できた後は、元の箇所にリプレースしなければなら
ない。

規則 7.3・参照

SITUATION 175

クラブでバンカーの砂をたたいた

バンカーショットをしたら、一発で球が出なかったので、悔しまぎれにクラブヘッドで、砂をたたいてしまった。

出なかった球

0罰打 | そのままプレーを続ける

球がまだバンカー内にあるときに、イライラして、または怒ってクラブで砂をたたくことは規則で罰を受けない。

規則 12.2b (2)・参照

バンカー

OBになったので砂を
ならした所にドロップした

バンカーから球をクリーンに打った。うまく
球が飛んだので、バンカーの砂をならしてい
たら、その球がOBになってしまった。そこ
で、そのまま砂をならした救済エリアに球を
ドロップして、プレーを続けた。

砂をならしたバンカー

0 罰打 | そのまま プレーを続ける

プレーヤーの球がバンカー内にあるときには、バン
カーの砂の状態をテストしたり、砂に触れることは
禁じられているが、すでに球がバンカー内から出た
後なので、罰にはならない。救済エリアにドロップ
した球でプレーを続ける。ただし、OBの1罰打は
つく。

規則 12.2b(3)・参照

SITUATION 177

球が砂の上に出ている
草の上に止まった

第2打の球がグリーン手前のバンカーの砂の
上にせり出している草の上に止まってしまっ
た。球は砂に触れていないが、バンカーの垂
直上にあるのでどう扱うべきか。

0 罰打 | そのまま プレーを続ける

バンカーはペナルティーエリアと違い、その区域は
垂直に上には及ばない。しかも、球が砂に触れてい
ないのだから、たとえスタンスがバンカーにかかっ
ても、ジェネラルエリアの球となる。そのままプレ
ーを続ける。

規則 12.1・参照

バンカー

バンカー外の球に
アドレスし砂に触れた

> 球がバンカーの際の草の上に止まっていた
> （バンカー外）ので、バンカー内にスタンス
> をとり球にアドレスしようとしたら、クラブ
> ヘッドが砂に触れてしまった。

ヘッドが砂に触れた

0 罰打 | **そのまま プレーを続ける**

バンカー外のジェネラルエリアの球なのだから、た
とえスタンスがバンカー内にあって、アドレスやバ
ックスイングでクラブヘッドがバンカーの砂に触れ
ても、罰はない。

規則 12.1・参照

SITUATION 179

バンカー内での練習スイングで砂に触れた

球がバンカーに入ったので、バンカー内で練習スイングをしたら、クラブヘッドが砂に触れた。

2 罰打 | そのままプレーを続ける

球がバンカー内にあるのに、そのストロークの前の練習スイングをした際にクラブヘッドが砂に触れたのだから、2罰打になる。

規則 12.2b(1)・参照

飛んできたディボットを
取り除いた

バンカー内にある球の上に他のプレーヤーが
打ったディボットがかぶさり、球が打てなく
なったので、そのディボットを取り除いてプ
レーした。

0 罰打 | そのまま プレーを続ける

プレーヤーは初めに止まっていたライからプレーす
ることが認められるので、無罰でそのディボットを
取り除くことができる。

規則 8.1d・参照

盛り上がった土を
元に戻した

他のプレーヤーがバンカー内で球を打つために足を砂にうずめたところ、近くにあったプレーヤーの球の後ろが盛り上がってしまった。そこで、打つ前に砂を元に戻した。

0 罰打 | そのまま
プレーを続ける

球の止まったライからプレーする権利があるので、罰なしで砂をできるだけ初めのライと同じように戻すことができる。

規則 8.1d・参照

バンカー

SITUATION 182

転びそうになって
クラブを砂につけた

球を打つためバンカーに入ったら、斜面に足を取られて転びそうになり、思わずクラブを砂につけてしまった。

| 0 罰打 | そのまま
プレーを続ける |
|---|---|

バンカー内で転びそうになりクラブを砂につけても、ストロークに影響を及ぼす状態の改善や砂のテストにならない限り、罰はない。

規則 12.2b (2)・参照

SITUATION 183

バンカーに クラブを投げ入れた

> クラブをバンカーに投げ込んでからバンカーに入り、球を打った。

先に投げ入れちゃえ!!

0 罰打 そのまま プレーを続ける

投げ込まれたクラブによって球が動いたりしなければ、罰はない。クラブをバンカーの中に置いたことと同様に認められる。

規則 12.2b(2)・参照

SITUATION 184

球が足に寄りかかる
ようにして止まった

バンカーショットをしたら、球がバンカーの
アゴに当たって戻り、足に寄りかかるように
して止まった。足をどけたら球が動いてしま
った。

0罰打 リプレースして
プレーを続ける

打ったプレーヤーに偶然球が当たった場合、罰はな
い。プレーヤーはその球をリプレースしてプレーを
続ける。

規則 11.1　14.2・参照

SITUATION 185

バンカーの斜面を崩して スタンスをとった

バンカーの斜面に球があるので、スタンスが うまくとれない。そこで、バンカーの斜面の 土を少し崩してスタンスをとった。

2 罰打 そのまま プレーを続ける

スタンスの場所を作ることは2罰打の違反になる。 足でバンカーの砂をこねながら深く掘ったりして足 元を安定させていることがあるが、必要以上にやる とスタンスの場所を作ったことにされて、違反にな る。

規則 8.1　12.2b・参照

SITUATION 186

ホールに近い球を
拾い上げた

> 球が2つバンカーの中で寄り添うように並ん
> でいた。そこで、ホールに近い球をマークし
> て拾い上げてもらい、プレーした。

0 罰打 | リプレースして プレーを続ける

ホールに近い球のプレーヤーに球をマークして無罰
で拾い上げてもらう。球を拾い上げたプレーヤーは
先のプレーが終わった後、マークしてある地点に球
をリプレースする。先に打ったショットで砂の状態
が変わったら、初めのライと同じように復元して、
球を元の位置にリプレースする。

規則 8.1d　15.3・参照

SITUATION 187

バンカー内で
スタンスを2度取り直した

クラブを持ってバンカーに入りスタンスを取ったが、目玉だったので、クラブを取り替えてバンカーに入り直しスタンスをとった。

スタンスを取り直そう

0 罰打 そのまま プレーを続ける

クラブを取り替えてスタンスを取り直しても砂の状態をテストしたことにはならないし、バンカー内でクラブを取り替えたり、スタンスを2度取ることも禁止されていない。ただし、前のスタンスでできた足跡を埋めたりすると、状態を改善したとみなされるので注意する。

規則 8.1a　12.2b(2)・参照

バンカー

打球がキャディーの持つ
バンカーレーキに当たった

バンカーから打った球が、キャディーの持っていたバンカーレーキに当たって、方向が変わって、またバンカーに入った。

0 罰打 | そのまま プレーを続ける

動いている球が偶然に人や外的影響に当たっても、罰はない。そのかわり、球はあるがままにプレーしなければならない。この場合、次打もバンカーからとなる。

規則 11.1・参照

SITUATION 189

カラーの球が
グリーンに触れている

バンカーショットをしたら、球がカラーに止まった。よく見ると球がグリーン面に触れていたので、カラーにマークして拾い上げた。

カラー　グリーン面

0 罰打 | リプレースして プレーを続ける

球がグリーン面に触れていれば、グリーン上の球になるので、マークして球を拾い上げることができる。たとえカラーから球がグリーン上に突き出ていても、球がグリーン面に触れていなければ、グリーンに乗ったことにはならない。

規則 13.1a・参照

ホールに近いグリーン外の球を先に打った

グリーン外にある自分の球が、他のプレーヤーのグリーン上の球よりホールに近かったが、グリーン外なので先に打った。

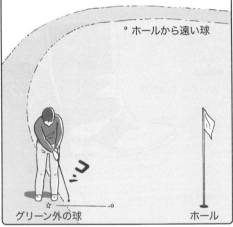

ホールから遠い球

グリーン外の球　　　　　ホール

0 罰打　そのままプレーを続ける

ホールから最も遠い球を最初にプレーするのが原則だが、ストロークプレーでは、競技者のうち1人を有利にするために異なる順番でプレーしたのでなければ、安全を間違いなく確保できる方法で違う順番でプレーすることができる。

規則 5.6b　6.4b・参照

SITUATION 191

スパイクの傷跡を
踏みつけた

プレーの線上にある凹んでいる古いホールの
埋跡を直そうとして一歩足を踏み込んだとき、
付随的にそのそばにあったスパイクの傷跡を
踏みつけた。

古いホールの埋跡

ギュ

スパイクの傷跡

0 罰打 | そのまま プレーを続ける

グリーン上で古いホールの埋跡を直すことはできる。
また、プレーの線上のスパイクの傷跡を元の状態に
復元するために踏んだり直すこともできる。

規則 13.1c・参照

ボールマークを直して パットした

グリーンに上がってみたら、球とホールの間にボールマークがあったので、それを直してからパットした。

ボールマーク

ホール

0 罰打 | そのまま プレーを続ける

球の落ちた勢いでできたボールマークと、古いホールの埋跡、スパイクによる損傷などは、パットをする前に直せる。

規則 13.1c・参照

SITUATION 193

プレーの線上に水たまりがある

ホールと球の間に水たまりがあってパットしにくい。球を水たまりから避けられるところへ動かしたい。

どうしよう
打てないよう!!

水たまり

0罰打 水たまりを避けられる位置に球をプレース

プレーの線上の水たまりは異常なコース状態に当たるので、罰なしに球を拾い上げ、パッティンググリーン上かジェネラルエリアの完全な救済のニヤレストポイントにプレースする。完全な救済を受けられないときは、その障害から最大限の救済が受けられるポイントを基点として救済を受けることもできる。

規則 16.1d・参照

SITUATION 194

パターの背面で打ち
ホールアウトした

バーディーパットがカップ（ホール）に蹴られ、カップから数センチの所に止まったので、パターの背面を使ってホールアウトした。

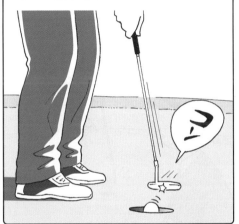

0 罰打
ホールインは認められプレーは終了

球は必ずフェースで打たなくてはならないという規則はなく、ヘッドのどの部分で打っても構わない。ただ、押し出したり、かき寄せたり、すくい上げたりすると、違反（2罰打）になる。

規則 10.1a・参照

SITUATION 195

キャディーが狙うラインを旗竿で触れて示した

パットを打とうとしたら、キャディーが「狙いはここです」と旗竿の先端でグリーン面に軽く触れて示してくれた。

狙いはここです

0 罰打　そのままプレーを続ける

プレーヤーやキャディーは球を打つ前に、狙うラインを示すために手や足、あるいは持っているものでグリーン面に触れてもいい。ただし、それによって球の転がりに影響を及ぼすような改善をすると2罰打となる。

規則 10.2b・参照

SITUATION 196

リプレースした後 球が風で動いた

パッティンググリーン上で球をリプレースし、構えようとしたら、風で球が動いてしまった。

0 罰打 元の場所に リプレースして プレー

拾い上げた球をリプレースした後に、風などで球が動いた場合、あるいは故意でなく触れてしまうなどして自分が動かした場合も含め、無罰で元の場所にリプレースしてプレーする。もし、拾い上げる前に自然の力で動いた場合は、球が止まったところから無罰でプレーする。

規則 13.1d・参照

旗竿を差したままパットし
球を旗竿に当てて入れた

第2打がベタピンについた。「お先に」のつもりで、旗竿が立ったままだったが、パッティングした。球は旗竿に当たってホールに落ちた。

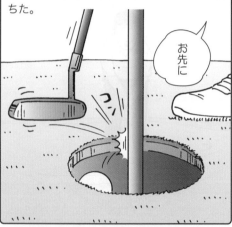

お先に

0 罰打 | 無罰で ホールインが 認められる

旗竿を立てたままストロークすることを決めてから打った球は、旗竿に当たっても無罰だ。ただしその場合、球が転がっている間に旗竿を動かしたり、取り除いてはならない。

規則13.2a・参照

長尺パターのグリップエンドを
体につけてストロークした

長尺パターのグリップエンドをみぞおちにあてがってストロークした。

グイ

2 罰打	**そのストロークをカウントし2罰打を加える**

ストロークを行う場合、クラブをアンカリングしてはいけない。アンカリングとは、体のどこかにクラブやクラブを握っている手を固定させることと、アンカーポイントを使用して間接的なアンカリングをすること。アンカリングを行った場合は、2罰打。

規則 10.1b・参照

SITUATION 199

バッグにたたきつけたパターが曲がったため取り替えた

ミスパットに怒りが爆発し、思い切りパターでキャディーバッグをたたいたら、シャフトが曲がってしまった。使えないと思って取り替えた。

取り替えよう・・・

2罰打（最大4罰打）気づいた時点で罰を適用

適合クラブがラウンド中やプレーの中断中に損傷した場合、クラブを乱暴に扱った場合を除き、クラブを修理するか他のクラブに取り替えることができる。今回のケースでは取り替えることができないので、取り替えてプレーした時点で2罰打。1ラウンドでは最大4罰打が加わる。

規則 4.1・参照

SITUATION 200

グリーン上から打った
2つの球が当たった

ホールからほぼ同じ距離に乗った2つの球を、不注意にも2人がほぼ同時にパットしてしまい、2つの球が当たってしまった。

同時にパットした
球が当たる

0 罰打 リプレースして プレーを続ける

この場合は、2人とも罰はなく、そのストロークを取り消して球のあった元の位置に戻して置き（リプレース）、プレーを続ける。

規則11.1b・参照

SITUATION 201

止まった球が
風でホールインした

> パットした球がカップの縁で止まったように見えたので、カップ方向へ歩き出したら、球が風に動かされてカップの中に落ちた。

> あっ
> ラッキー!!

0罰打 ホールインが認められる

風と水は自然の力なので、それにより動かされた球はインプレーの球であり、止まったところからプレーを続けることになっている。したがって、そのストロークでホールインしたことが認められる。また、プレーヤーは不当に遅れることなくホールに歩み寄る時間に加え、球が止まったかどうかを確かめるためにさらに10秒間待つことができる。

規則 13.3a・参照

SITUATION 202

他のプレーヤーの球が動いているのに自球を拾い上げた

他のプレーヤーがパットして球がまだ動いているのに、自分の球をマークして拾い上げてしまった。

動いている球

拾い上げる

0 罰打 | そのままプレーを続ける

他のプレーヤーがパットをして、その球が動いている間に、自分の球を拾い上げても罰はない。

規則 11.3 例外・参照

SITUATION 203

プレーの線を
スパイクで傷つけた

長いバーディーパットが入ったので、うれしさのあまり飛び上がった拍子に、他のプレーヤーのパッティングライン上にひどい傷をつけてしまった。

プレーの線

0 罰打 | グリーン上の損傷を修理してプレーを続ける

他のプレーヤーの球がグリーン上に止まった後で、たまたまスパイクによるひどい損傷をつけてしまったのだから、プレーの線を修復することができる。プレーの線を修復することが不可能な場合はストロークに影響を及ぼす状態に最も似ていて、元の箇所から1クラブレングス以内（ホールに近づかない）で、最も近い箇所にリプレースすることができる。

規則13.1c・参照

コインがパターの裏に
ついて移動した

グリーン上にマークしたコイン（ボールマーカー）をパターの底で押さえ、グリーンの外へ出ようとしてパターの底を見たら、コインがくっついていた。

ない!!

0 罰打　リプレースして
プレーを続ける

プレーヤーが偶然球やボールマーカーを動かしても罰はない。元の位置にリプレースか、元の位置が不明なときは、球があったと思われる位置を推定してリプレースする。

規則 13.1d・参照

SITUATION 205

ボールマーカーを落とし球を動かした

マークするためポケットからボールマーカーを取り出そうとして、たまたま球の上に落とし、球を動かしてしまった。

あれっ
動いた!!

0 罰打 リプレースしてプレーを続ける

偶然に球を動かしても、罰はない。球を元の位置に戻して置き（リプレース）、プレーを続ける。

規則 13.1d・参照

球を落としグリーン上の他の プレーヤーの球を動かした

グリーン上で拾い上げて持っていた球を誤って落とし、グリーン上に止まっていた他のプレーヤーの球に当たり、動かしてしまった。

0 罰打 | リプレースして プレーを続ける

誰にも罰はない。球を動かされた他のプレーヤーは球を元の位置にリプレースしてプレーを続ける。

規則 13.1d・参照

SITUATION 207

マークしないで
球を拾い上げた

慌てていて、不注意にもグリーン上に止まっている球を拾い上げてから、球のあった所にマークしてしまった。

ヒっ

マークしないで拾い上げる

1 罰打 リプレースして プレーを続ける

グリーン上の球を含み、リプレースを要する規則に基づいて球を拾い上げるときは、必ずマークしなければならない。マークせずに球を拾い上げたときは1罰打を課して、球を元の位置に置かなければならない（リプレース）。

規則 14.1a・参照

SITUATION 208

キャディーの指した
旗竿を狙いパットした

旗竿に付き添っているキャディーにパットのラインを聞いたら、「この旗竿の根元狙い」と竿先で指して教えてくれたので、旗竿をそのままにしてもらい、パットした。

2 罰打 そのまま プレーを続ける

球がグリーン上にある場合、ストロークの前にプレーの線を示すことはできる。ただし、旗竿に付き添っている場合を除き、キャディーが故意にプレーする方向に立っていたり、ストロークしている間に地面の一点を指し示すようなことをしてはならない。

規則 10.2b・参照

パットしたら他の プレーヤーの球に当たった

> パットした球がカップ（ホール）を半回転して飛び出し、カップの横に止まっていた他のプレーヤーの球に当たってしまった。

2 罰打 球の止まった 所からプレーを 続ける

双方の球がグリーン上にある場合、止まっている他のインプレーの球に当てると、打った本人に罰がつく。球の止まった所からプレーを続けることになり、他のプレーヤーの球は元の位置に戻して置く（リプレース）。

規則 11.1a 例外・参照

ホールと球の間の砂を取り除いた

バンカーショットをしたら、ホールと球の間に砂が飛び散ったので、手でその砂を取り除いた。

飛び散った砂

0 罰打 そのままプレーを続ける

グリーン上では砂やバラバラの土を取り除ける。そのとき、取り除く行為が直接原因で球が動いても罰はなく、元の位置に球を置いて（リプレース）、プレーを続ける。

規則 13.1c・参照

SITUATION 211

球が当たりそうなので キャディーが旗竿を抜いた

距離の長いパットなので、旗竿を立てたまま パットしたら、球が旗竿に当たりそうになり、 キャディーが慌てて抜いてしまった。

共用のキャディー

2罰打 | そのまま プレーを続ける

旗竿はホールに立てたままプレーすることができる。 ただし、球を打った後で、プレーヤーの動いている 球が止まるかもしれない場所に影響を及ぼすように 旗竿を故意に動かしたり、取り除いてはならない。

規則 13.2a (3)・参照

SITUATION 212

球が当たりそうなので他の プレーヤーが旗竿を抜いた

長いパットなので、旗竿を立てたまま打った ら、球が転がっている間に他のプレーヤーが 慌ててホールに近づいて、旗竿を抜いてくれ た。

0/2 罰打　そのまま プレーを続ける

ストロークする前に旗竿に付き添わせたり差し上げ させていた場合は、球が動いている間に旗竿を取り 除くことができるが、そうでない場合は取り除くこ とはできない。だが、それを取り除いたのが他のプ レーヤーである場合、他の人の球の動きを変えるか もしれない行為をしたことになり、その人が2罰打 を受ける。球を打った人は自分が抜くことを頼んだ のでなければ、無罰。　　　　　規則 13.2a ⑷・参照

SITUATION 213

他のプレーヤーの足に
当たってホールインした

> パットして動いている球が、グリーン上でよそ見をしていた他のプレーヤーの足にたまたま当たり、ホールに入ってしまった。

他のプレーヤー

ヤコー

0 罰打 | リプレースして打ち直す

そのパットを取り消し、球を元の位置に戻して置き（リプレース）、打ち直す。似た例でも、グリーン外からアプローチした球が他のプレーヤーの足に当たって方向が変わり、カップインしたのであれば、それは認められる。

規則 11.1b (2)・参照

272

パッティンググリーン

置いてある旗竿に
球が当たった

ホールの向こう側に旗竿が置かれていたが、
上りのラインだったので、そのままパットし
たら球がオーバーして旗竿に当たった。

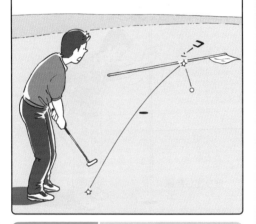

0 罰打 | そのまま
プレーを続ける

グリーン上で打った球が、偶然にも旗竿に当たった
場合、罰はない。打った球はあるがままにプレーし
なければならない。

規則 13.2b (2)・参照

SITUATION 215

旗竿を抜くと
球が出てしまった

グリーンの外からアプローチしたら、球が直接旗竿に当たり、ホールの縁と旗竿に挟まれ、球の一部がパッティンググリーン面より下にあるようにして止まった。その後旗竿を抜いたら球が飛び出てしまった。

飛び出した球

0 罰打 | ホールインした ものとみなされる

旗竿に寄りかかっている場合に限り、球の一部がグリーン面より下にあれば、その状態でホールに入ったものとされる。

規則 13.2c・参照

SITUATION **216**

「OK」が出たので
球を拾い上げた

グリーンの外からアプローチしたらホールの
50cm手前に止まった。他のプレーヤーが
「OK」を出してくれたので、その球を拾い上
げた。

O
K
!!

1 罰打 リプレースして プレーを続ける

ストロークプレーではOKはなく、必ずホールイン
させなければならない。マークをせずに球を拾い上
げたのだから、1罰打を加え、元の位置に戻して置
き（リプレース）、プレーを続ける。正しくホール
アウトせずに次のティーショットをする（最終ホー
ルではスコアカードを提出する）と、失格になる。

規則 3.3c　13.1b・参照

275

SITUATION 217

プレー終了後ホールの
縁の傷跡を直した

自分がホールアウトした後でホールの縁の損傷が気になり、パターの底で芝をたたき、平らになるよう修正した。

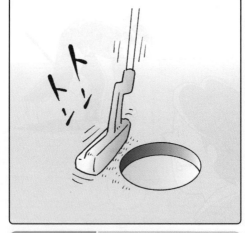

0 罰打　そのまま プレーを続ける

プレーヤーはいつでも罰なしにグリーン面の損傷を修理できる。それはホールの縁も含む。

規則 13.1c (2)・参照

SITUATION 218

プレーの線上の芝を
パターで押しつけた

パットをしようとしたら、ちょうどライン上に、少し長く伸びている芝があったので気になり、パターで押しつけて凹凸を直した。

長い芝

2 罰打 そのまま プレーを続ける

ただ単に長く伸びている芝というだけでは修理をすることはできない。ストロークに影響を及ぼす状態を改善することは違反になる。

規則 13.1c・参照

SITUATION 219

球をキャディーに投げたら
池に入った

グリーンに乗ったので球にマークして拾い上げ、球をふいてもらうためにキャディーに放り投げて渡したら、受けそこなって池に入ってしまった。

ポチャン

0 罰打 | リプレースしてプレーを続ける

球をリプレースする場合、プレーヤーは球を取り替えることは認められない。しかしその球が回収不能となり、その原因がプレーヤーの故意によるものでなく、数秒以内に取り戻すことができない場合などは例外として別の球を使用できる。

規則 14.2a・参照

動かしたボールマーカーを元に戻さずパットした

他のプレーヤーのプレーの線上にあったボールマーカーを動かして、リプレースする前にボールマーカーを元の位置に戻さないで、そのまま球を置き、プレーを続けた。

正しい位置

2 罰打 球の止まった所からプレーを続ける

球を置いてパットした時点で誤所からのプレーになり、2罰打付加し、その球でホールアウトしなければならない。

規則 14.7・参照

球で芝を擦るように
引き戻した

球をリプレースするとき、ボールマーカーの
少しホール寄りに球を置き、芝を擦るように
して、ボールマーカーの前（正しい位置）ま
で戻し、球をリプレースした。

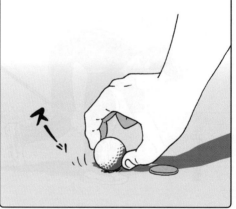

0 罰打 | そのまま プレーを続ける

あまり望ましい行為ではないが、球を置くときにプ
レーの線に触れることは許されているので、その点
では無罰になる。しかし、リプレースする際に毛羽
立った芝などを押しつけて修正したりして、球の動
きに影響を与える行為をすると、2罰打になる。

規則 13.1c・参照

ホールと球を結んだ
後方線上を踏んだ

かなりスライスするラインだったので、その
方向に合わせてアドレスしたら、ホールと球
を結んだ線の後方線上を踏んだまま、パット
してしまった。

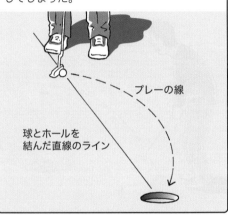

プレーの線

球とホールを
結んだ直線のライン

0 罰打 | そのまま プレーを続ける

プレーの線とはプレーヤーが実際に球を打とうとし
ているラインのことで、ホールと球を結んだ直線で
はない。したがって、このケースのような場合、そ
の直線を踏んでもプレーの線を踏んだことにはなら
ない。

規則 10.1c・参照

SITUATION 223

グリーン上にある
後続組の球に当たった

> グリーン上に置かれている後続組の球がカップの近くにあったが、当てても罰はないと思いパットしたら、実際に当ててしまった。

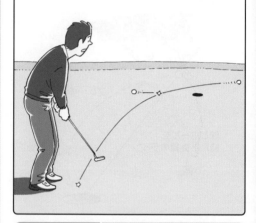

2 罰打 | 球の止まった所からプレーを続ける

たとえ後続組以外の球であっても、グリーン上に止まっている球に当てると罰がつく。その競技者に球をマークする意思を告げ、マークしてからプレーをする。

規則 11.1a・参照

球1個分離して
マークした

球を動かすと罰打をとられると考え、グリーン上で球にマークするとき球1個分球から離してボールマーカーを置いて球を拾い上げた。

1 罰打 | リプレースして プレーを続ける

マークを球から球1個分も離したら、正確にマークしたことにはならない。正確にマークしないで球を拾い上げたことにより1罰打がつく。拾い上げた球は元の位置にリプレースしなくてはならない。

規則 14.1a・参照

キャディーが球を
リプレースした

> プレーヤーはグリーン上で拾い上げた球をふいてもらうつもりでキャディーに渡したら、キャディーは球をふいてそのままリプレース、プレーヤーはプレーした。

1 罰打 | そのまま
プレーを続ける

そのままプレーすれば、プレーヤーが球を拾い上げたのだから、プレーヤー自身がリプレースしなければならない規則に違反し、1罰打となる。プレー前であれば、プレーヤー自身が罰なしに球を拾い上げ、リプレースしなければならない。

規則 14.2b・参照

SITUATION 226

左手で傘を持ち
右手で球を打った

陽ざしがまぶしかったので、左手で傘を持ち、
右手でパターを持って球を打ち、カップイン
させた。

ヤっー！

0 罰打 | カップインは認められる

プレーヤー自身が片手で傘を持ち、もう一方の手で
パターを持って球をパットしても罰はない。ストロ
ークをするとき、他の人から物理的な援助や保護を
受けると、2罰打になる。

規則 10.2b (5)・参照

SITUATION 227

プレーの線上の砂を
帽子で払いのけた

バンカーショットをした後で、パッティング
ライン上に散らばった砂を、帽子を使って払
うようにして取り除いた。

0 罰打 | そのまま プレーを続ける

どのような方法で取り除いてもよい。取り除く際に
改善することがなければ罰はない。

規則 13.1c・参照

SITUATION 228

パットの後方延長線上を踏んでストロークした

短いパットが残り、先に打とうとしたら、他のプレーヤーのパットのラインを踏みそうになったので、自分のパットラインを踏んで打ち、カップインさせた。

他のプレーヤーのプレーの線

0 罰打 | カップインは認められる

グリーン上ではプレーの線やその後方延長線上をまたいだり踏んだりして、スタンスをとってストロークしてはならないことになっているが、不注意によるものや他のプレーヤーのプレーの線上に立つことを避けるためにする場合には、罰にはならない。

規則 10.1c・参照

[監修者略歴]

公益社団法人日本プロゴルフ協会（専門競技委員会）

1957年7月27日設立、1981年1月14日社団法人化、2013年5月1日公益社団法人移行。PGAトーナメントプレーヤーやPGAティーチングプロの資格認定、ゴルフ競技の主催。また、ゴルフの技術、ルールおよびマナーの指導および普及奨励、調査研究や、刊行物の企画および出版などが主な事業。

執筆協力／長沢潤
編集協力／城所大輔（多聞堂）
本文イラスト／中村知史
本文デザイン／加藤朝代（編集室クルー）
校正／西進社
DTP／編集室クルー

最新 ゴルフルールハンドブック

監修者／公益社団法人日本プロゴルフ協会

発行者／永岡純一

発行所／株式会社永岡書店
　　　　〒176-8518 東京都練馬区豊玉上1-7-14
　　　　電話 03-3992-5155（代表）
　　　　　　　03-3992-7191（編集）

印刷所／精文堂印刷

製本所／若林製本工場